中小学

AI
通识课

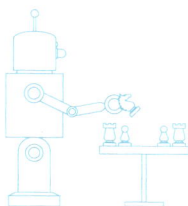
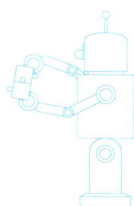

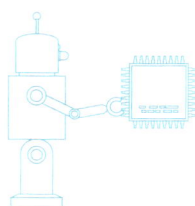

人民邮电出版社
北 京

图书在版编目（CIP）数据

中小学 AI 通识课 / 李波，任勇，陈迪著. -- 北京：
人民邮电出版社，2025. -- ISBN 978-7-115-67241-4

Ⅰ. G634.671

中国国家版本馆 CIP 数据核字第 20253QS634 号

内 容 提 要

本书是以"启蒙思维、链接生活、赋能成长"为核心，专为中小学生量身打造的系统性AI通识课程。

全书立足新课标要求，融合"知识探秘+场景实践+伦理思辨"三维框架，通过 6 章内容层层递进，带领读者开启AI的探索之旅。其中，第1章从"AI是什么"出发，以趣味化语言拆解技术原理(如大数据、算法、算力)，结合"AI是火眼金睛——图像识别""AI有双顺风耳——语音识别"等趣味比喻，揭开AI的神秘面纱；第2章和第4章深度解析了无人驾驶、智能家居、AI医疗等真实场景，并通过大量案例，让抽象的技术具象化，启发读者发现技术如何重塑世界；第3章聚焦AI与学科融合，提供"AI学语文""AI学数学""AI学英语"等实用工具指南，帮助读者掌握AI赋能学习的高效方法；第5章通过跨学科项目，借助图形化工具实现零代码创作，激发读者的创造力与工程思维。第6章通过"目前AI有哪些弊端"等思辨话题，引导读者辩证看待技术利弊，强化其科技向善的价值观，以及培养其在数字时代的责任意识。

◆ 著　　　　李 波　任 勇　陈　迪
　责任编辑　张志博　武恩玉
　责任印制　周昇亮

◆ 人民邮电出版社出版发行　　北京市丰台区成寿寺路 11 号
　邮编　100164　　电子邮件　315@ptpress.com.cn
　网址　https://www.ptpress.com.cn
　涿州市般润文化传播有限公司印刷

◆ 开本：720×1000　1/16
　印张：8.5　　　　　　　　　　　2025 年 6 月第 1 版
　字数：86 千字　　　　　　　　　2025 年 9 月河北第 3 次印刷

定价：39.90 元

读者服务热线：(010)81055296　印装质量热线：(010)81055316
反盗版热线：(010)81055315

编委会

AI 是打开梦想大门的金钥匙

亲爱的少年探索者们：

当在家与智能音箱对话时，当用 AI 工具查询古诗文时，当在博物馆借助 AI 导览机器人参观时，当看到无人驾驶汽车流畅地穿行在大街小巷时，你是否想过——这些看似神奇的科技，正是由无数像你们一样怀揣梦想的探索者创造的？你或许尚未意识到：人类正站在前所未有的交汇点——第四次工业革命大门全面打开的时刻。此刻，你们手中的这本《中小学 AI 通识课》不仅是知识的载体，更是一座灯塔，照耀着你们探索科学、拥抱未来的新航程。

本书的独特之处在于，它专为中小学生量身定制，充分考虑到青少年的认知水平和兴趣点。书中没有堆砌晦涩难懂的专业术语，而是用生动有趣的语言、贴近生活的案例，将 AI 的基本概念、应用场景、青少年应如何使用及正确看待 AI 发展等内容一一展现。书中用大量生动的图片将抽象的事物变得容易理解，更好地引发大家对 AI 的好奇与思考。

AI 工具是我们学习的好老师。写作时，它能激发灵感的"创意火花"；解题时，它可以通过智能错题本像侦探般定位知识漏洞；英语学习中，它可以实时交流与对话。不过，请谨记：AI 是辅助思考的"望远镜"，而非替代勤奋的"捷径"。

那些反复修改的作文稿、验算多次的数学题、清晨时的琅琅读书声，才是使知识扎根的真正土壤。

在智能时代，教育的使命不是培养"技术附庸"，而是塑造"人性舵手"。一本好的 AI 教材，能帮助你在人机共生时代，既保持驾驭技术的能力，又坚守人性的本质。这或许就是 AI 通识教育的终极价值：让技术闪耀人性之光，让创新服务人文沃土。

《中小学 AI 通识课》编委会

目录

目录

第 **1** 章

认识 AI

第一节　AI 是什么

一、什么是 AI

人类从诞生开始，就会不断地学习、思考、创造，在成长的过程中获得更多的智慧。我们因此拥有的智能就被称为自然智能。

AI 的全称是"artificial intelligence"，中文译作"人工智能"。简单来说，AI 就是让计算机像人类一样思考、学习和解决问题。

一个 AI 机器人正在识别小猫和小狗，它通过学习能分清二者。

问智能音箱："明天天气怎么样？"它会立刻回答你，这就是 AI 的作用。

多才多艺的 AI 机器人

二、AI 是怎么学习的

AI 通过数据（比如图像、声音、文字）和算法（解决问题的步骤）来学习，就像你反复练习骑自行车才能骑得稳。

一个 AI 机器人正在看苹果和香蕉的图片，学习它们的区别。

如果 AI 机器人把苹果说成香蕉，科学家会像老师一样纠正它："不对哦，再试试！"

三、AI 的功能介绍

1. 人机对话

就像我和你聊天一样，AI 可以理解我们说的话或者写的文字。比如，当你对智能语音助手说："今天天气怎么样？"它能够识别出你的语音信息，然后通过网络查到当天的天气情况，并用语音回复："今天气温 4~10℃，天气有点儿冷，要注意保暖哦！"它就像是一个能和你沟通的好朋友。

2. 计算机视觉

AI 能"看"东西，如人脸识别。当你乘坐高铁进站，站在设备前时，AI 通过摄像头可获取你的脸部图像。它会对获取的图像进行分析，提取你的脸部特征点，然后和数据库中存储的你的脸部信息进行对比，如果匹配成功，就会打开闸门放行。这就像 AI 有了眼睛，能够通过人们的特征识别他是谁。

3. 机器学习

AI 具有学习能力。比如，在一些推荐系统中，当你用某款应用软件看过一部动画片后，AI 就会记住你的喜好。它会根据

你之前观看的动画片类型、题材和风格，自行推荐你可能喜欢的新动画片。这是通过分析大量的数据找出其中的规律，让 AI 不断学习和改进推荐算法，从而提高推荐的准确性。

四、AI 的运作原理

AI 的运作主要包括输入、处理、输出和优化四个步骤。

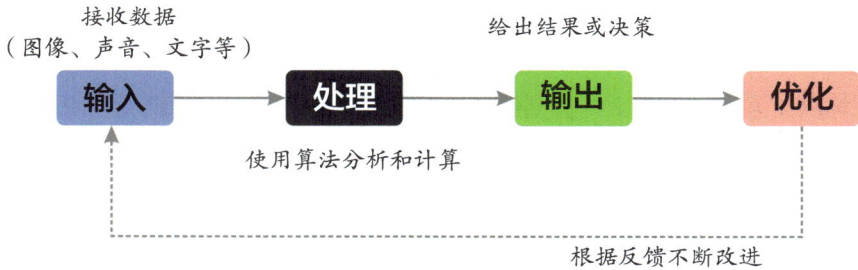

接收数据
（图像、声音、文字等）　　　　给出结果或决策

输入 → 处理 → 输出 → 优化

使用算法分析和计算

根据反馈不断改进

第二节　AI 怎么分类

一、按智能水平分类

AI 根据能否真正实现推理思考和解决问题，可以分为弱 AI（ANI）和强 AI（AGI）两大类。

根据《人工智能标准化白皮书》的定义，弱 AI 指的是不能真正实现推理和解决问题的智能机器。这些机器表面上看是智能的，但没有自主意识，也不像人类智能那样能够不断适应复杂的新环境，并不断自行演化出新的能力，因此还只是弱 AI。例如，战胜世界围棋冠军李世石和柯洁的 AlphaGo（只擅长下围棋）就是弱 AI，它只能在特定领域、既定规则中表现出强大的智能。我们经常接触的人脸识别系统、语音助手等都属于弱 AI。

强 AI 是指能够像人类一样进行推理、学习和创造的 AI 系统。它不仅具备处理特定问题的能力，还能跨领域学习和适应，甚至在某些方面超越人类智能。目前，强 AI 仍处于研究和探索阶段。

　　另外，现在很多热门的 AI 工具，如 DeepSeek、ChatGPT、文心一言、豆包、即梦等，已经展现出了强大的任务处理能力，能够处理多种复杂的任务。然而，强 AI 需要在更广泛的认知任务上表现出色，而不仅仅是在特定的任务中。强 AI 需要具备情感和意识等深度的人类属性，这是目前大多数 AI 系统所不具备的。

二、按应用领域分类

　　智能机器人：通过 AI 技术实现机器人的自主决策和行动能力，能够完成清洁、搬运等简单任务，并在未来有望应用到更多复杂的工作场景中。

智能家居：利用 AI 技术实现家居设备的智能化控制，如智能灯光、智能空调等，提高了家庭生活的舒适度和便利性。

智能医疗：利用大数据分析和挖掘医疗数据，辅助医生进行诊断和治疗，提高医疗服务的效率和质量。同时，AI 技术还可以用于医疗影像分析等领域。

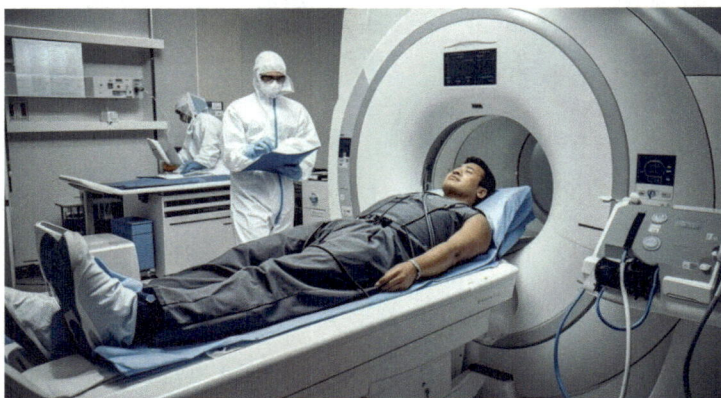

智能金融：通过分析和预测金融数据，为投资者提供精准的投资建议，提高金融服务的智能化水平。此外，AI 技术还可以用于风险评估、反欺诈等领域。

第三节　AI 的三大要素
——数据、算法和算力

　　要充分实现 AI 的功能，就必须了解它的三大要素——数据、算法和算力。AI 像班上的超级大学霸，它不仅做了很多题目，还掌握了解题方法，身体还很强壮。

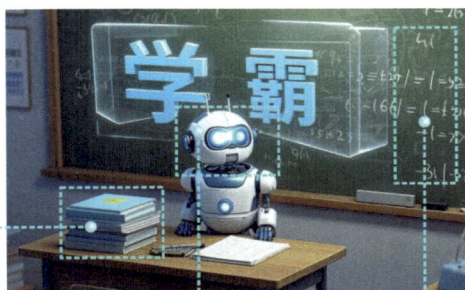

数据
很多学习资料
（比如书本、试卷）

算力
超快的大脑

算法
聪明的解题方法

一、数据：AI 的"知识宝库"

　　数据是 AI 的基础。数据就像一个超级大的宝库，里面容纳了海量的信息。AI 只有从这个宝库里挖掘出有用的知识，才能更好地为我们服务。

浏览记录　学习内容

位置信息　个人爱好

海量的数据

这个宝库里信息繁多，就像图书馆里的书，内容包罗万象。比如，要让 AI 知道怎么种出好庄稼，宝库里就会有许多关于天气、土壤、种子的信息。这些信息越多、越丰富，AI 就越厉害。就像我们看书越多，知道的知识也越多一样。

二、算法：AI 的"解决方案"

算法，是告诉 AI 设备应该怎么做一件事情的一系列指令，它是一套解决特定问题的步骤和规则。不同的算法就像不同的思维方式，有的算法擅长处理图像，有的算法擅长分析文字，还有的算法能预测未来的趋势。

例如，一个机器人要包饺子，就需执行以下一系列指令。

开始 — 准备材料 — 揉 面 — 制作馅料

结束 — 煮饺子 — 包饺子 — 擀面皮

三、算力：AI 的"超级大脑"

算力就是 AI 的"肌肉"。它决定了 AI 处理数据的速度和能力。算力越强，AI 完成复杂的计算任务就越快。算力强的 AI 就像一个跑步健将，能在很短的时间内跑完很长的路程，也就是处理完大量的数据。

能力强、跑得快

例如，在天气预报中，超级计算机（提供强大算力）会根据各种气象数据，如温度、湿度、气压等，通过复杂的算法进行计算，预测未来几天的天气情况。如果算力不够强，人们可能要花很长时间才能算出结果，而强大的算力能让天气预报更加及时和准确。

第四节　AI 是火眼金睛——图像识别

AI 图像识别像一个拥有火眼金睛的魔法精灵，能快速、准确地识别出各类图片的内容。下面让我们一起走进 AI 图像识别的奇妙世界吧！

一、什么是 AI 图像识别

AI 图像识别就像给计算机装上了一双超级厉害的眼睛。这双眼睛能够识别图片的内容，如可爱的动物、美丽的花朵、高大的建筑等。AI 图像识别功能就像老师在点名时能认出每位同学一样。AI 通过图像识别检测并分析对象的特征，提取出关键数据，然后与已知数据进行对比，就能识别出图片的具体内容了。

二、AI 图像识别是怎么做到的

AI 图像识别主要依靠深度学习技术。它会处理大量的图片，不断学习和总结规律。这与大家学画画类似，画画前要先观察事物的形状、颜色、图案等。AI 会把图片分解成无数个小方块（像素），然后记住事物的各种特征。比如，识别猫时会记住：三角形耳朵 + 长胡须 + 蓬松的毛。

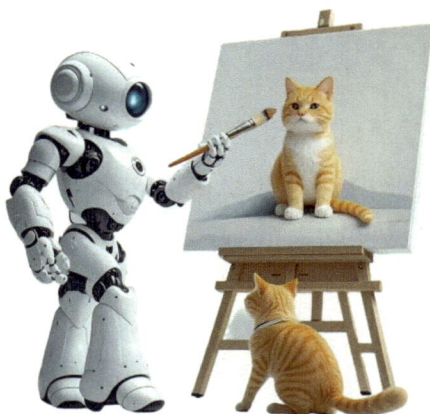

三、AI 图像识别的应用

1. 人脸识别

AI 实现人脸识别主要依赖计算机视觉和深度学习技术。

AI 系统首先通过摄像头或其他图像采集设备获取人脸图像。人脸检测模块会在图像中定位并标记出人脸的位置。

由于拍摄环境和角度的不同，原始图像可能需要进行灰度校正、噪声过滤等预处理操作。

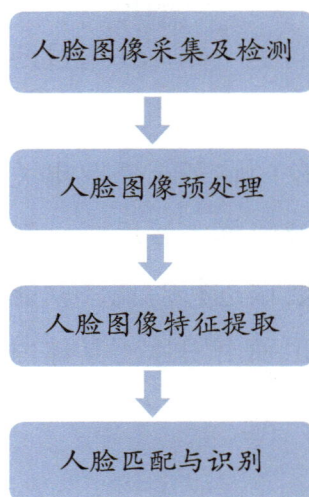

人脸图像采集及检测

↓

人脸图像预处理

↓

人脸图像特征提取

↓

人脸匹配与识别

特征提取模块会从预处理的人脸图像中提取出能够表征人脸身份的特征信息。这些特征信息通常包括人脸的轮廓、五官形状、纹理等。

提取出的特征信息会与已知的人脸数据库进行比对，以找到与之匹配的目标人物。

人脸识别支付　　　　　天眼系统　　　　　　检票口

2. 物品识别

AI 实现物品识别主要依赖计算机视觉技术和机器学习算法。我们以 AI 怎么识别一只猫来举例。

第一步：收集数据。AI 需要先"看"很多猫的图片，如花猫在草地上玩耍，黑猫在夜晚的灯光下漫步，白猫在沙发上睡觉等。这些图片就像小朋友学习认识猫时用的图片书。AI 通过看这些图片就记住了猫的样子。

第二步：提取特征。AI 会从这些图片中发现猫的重要特征。形状：圆圆的脑袋、尖尖的耳朵、长长的尾巴。颜色：白色、黑色、灰色或其他颜色。纹理：猫的身体上有蓬松的毛发。AI 不是用眼睛看，而是用数学和算法来"分析"这些特征。

第三步：判断物品。当 AI 看到一张新图片时，它会用之前学到的特征来判断图片的内容。比如，AI 看到一张图片，发现里面有"圆圆的脑袋、尖尖的耳朵、长长的尾巴"，它就会识别出这是一只猫。

AI 实现物品识别是通过一系列复杂的处理流程和技术手段来实现的。随着技术的不断发展，AI 在物品识别领域的应用将会越来越广泛和深入。

一辆自动驾驶的汽车在行驶中发现路中间的小猫，并且能避开小猫，这是因为"眼睛 + 大脑型 AI"进行了识别工作。

第五节 AI 有双顺风耳——语音识别

在我们的日常生活中，有很多神奇的"小助手"能帮助我们做事情，它们不用看我们的手势，也不用读我们写的文字，只需要听我们说话就能明白自己该干什么。这些"小助手"就是利用了 AI 的语音识别技术哦！

一、什么是 AI 语音识别

AI 语音识别的过程就像我们教一个新朋友学说话和听话。人类可以通过耳朵听到声音，然后通过大脑理解这些声音的含义。AI 则可通过一种特殊的"耳朵"（麦克风）接收我们说的话，再用它聪明的"大脑"（算法）把这些声音转化成文字或者执行相应的指令，就好像它能听懂我们说的话一样。

二、语音识别是怎么做到的

语音识别其实就像一个聪明的翻译官，它先把我们说的话变成计算机语言，然后通过这些信息找出和我们说的话最匹配的文字或指令。

第一步：收集声音样本（学习阶段）。就像我们学说话要先输入许多语言材料一样，AI也要先"听"很多声音样本，这样才能学会识别出不同的语音。比如，要识别中文，AI就要输入许多中文语言材料，包括不同口音、语速、语气等材料。

第二步：分析声音特征（理解阶段）。当AI收集了很多声音样本后，它就开始分析这些声音的特点。它会找出每个字的发音特点，如音高、音长、音色等，这与我们在学习拼音的时候要注意每个音的发音方法一样。

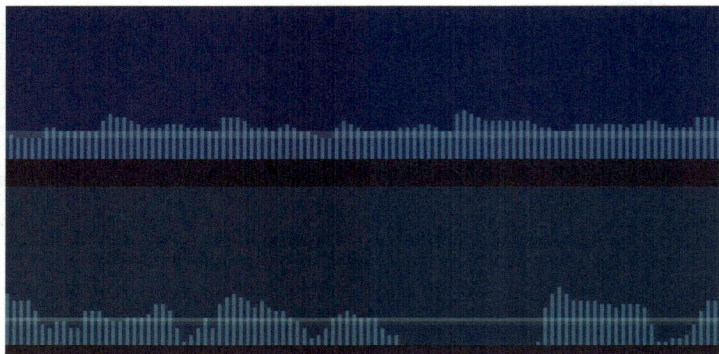

第三步：识别和转化（应用阶段）。当 AI 掌握了声音的特征后，它就可以开始"听"我们说话了。当我们对着它说话时，它会根据之前学到的知识，快速地分析我们发出的声音，然后把这些声音转化成文字或者执行相应的指令。比如，我们请智能蓝牙音箱播放音乐，智能蓝牙音箱识别出指令后就会马上执行。

三、AI 语音识别的应用

1. 语音助手

AI 语音识别常见的应用就是语音助手啦！智能蓝牙音箱、手机、平板电脑等都可以是我们的语音助手。我们可以通过语音指令让它们帮我们做很多事情，如打电话、发消息、查天气、放音乐等。它们就像一个贴心的小助手，随时听候我们的吩咐。

2. 智能翻译

AI 语音识别还能帮助我们进行实时翻译。当我们去国外旅行或者和外国朋友交流时，只要对着设备说出我们的话，AI 就能快速翻译成对方能听懂的语言。它就像我们随身携带的翻译官，帮助我们跨越语言障碍，自由交流。

3. 语音输入

当我们写作文、写日记或者发送信息时，AI 语音识别可以帮助我们快速输入文字。我们只需要对着设备说出相应的

内容，它就能准确地将其转换成文字。这样既方便又快捷，还能提高我们的写作效率。现在有些鼠标就具备了语音识别转文字的功能，大大减少了我们平时文字输入的工作量。

4. 智能家居

想象一下，早上起床只需要对智能窗帘说一声"帮我打开窗帘"，窗帘就会徐徐打开；放学回家，我们对 AI 产品说，"打开客厅的灯"，客厅就会马上亮起来。这就是语音识别在智能家居中的应用哦！

第六节　掌握简单的人机对话

AI 要与人交流，首先要能够听懂人说的话，也就是能把人说的话或者输入的内容换成计算机语言。

一、基础准备：学会"指挥"AI 的工具

- 认识电子设备：手机、平板电脑、计算机的基本操作（如点击屏幕、打字、说话）。

- 知道 AI 能做什么：回答问题、讲故事、批改作文、解答数学题等。

你好！请问武汉明天会下雨吗？

武汉明天是晴天，不会下雨。

二、语言表达：像交朋友一样说话

- 说清楚需求：比如，"请帮我查查关于大熊猫的知识"，而不是"那个……嗯……大熊猫……"。

- 用简单句子：AI 喜欢短句和明确的指令，如"请帮我播放歌曲《让我们荡起双桨》"。

三、分步骤告诉 AI 你的需求

想要 AI 帮你做什么，就跟它说清楚。你表达得越详细具体，它给出的结果就越能满足你的需求。

例子：用 AI 画一只"戴魔术帽子的橘色猫"。

第一步：描述主体 →"画一只猫"，结果可能只是一只普通的猫。

第二步：添加细节 →"猫的毛是橘色的"，这样就会出现一只橘色的猫。

第三步：补充装饰 →"给猫戴一顶魔术帽子"，这只橘色的猫就会戴上魔术帽子了。

我们还可以有其他的要求，如在湖边草地上、一只猫在玩皮球……

我们可以跟 AI 这样说：请帮我画一只戴着魔术帽子的橘色猫，猫在湖边的草地上玩皮球。

四、安全须知：保护自己最重要

我们需要掌握的安全知识如下。

不透露隐私：如家庭地址、学校名字、电话号码等。

检查答案：AI 有时会犯错，要通过其他方式（如课本或与专业人士沟通）来确认答案。

第 **2** 章

生活中无处不在的 AI

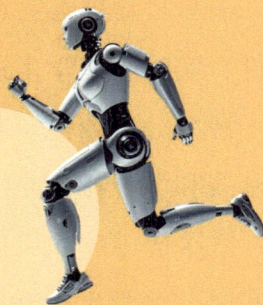

第一节　学校里的 AI+ 智慧体育

2025 年 1 月，中共中央、国务院印发《教育强国建设规划纲要（2024—2035 年）》，其中明确指出：落实健康第一教育理念，实施学生体质强健计划，中小学生每天综合体育活动时间不低于 2 小时。学生在学校有了更多的时间参与体育活动。

AI 技术在校园体育服务中的赋能作用也正逐步显现，它通过智能设备、数据分析与个性化指导等方式，为学生、教师及教学管理带来显著变革。

一、体育教学场景

1. 精准教学

全面收集数据：AI 利用智能穿戴设备、传感器、摄像头等硬件，实时收集学生运动时的体能数据。

精准分析数据：基于收集的数据，为每个学生建立运动能力基线和学习特征曲线。

精准捕捉动作：借助计算机视觉技术和动作捕捉系统，AI 能实时监测学生运动时的姿势、动作轨迹等细节，精准识别其动作是否标准，帮助学生快速纠正错误，掌握正确技能。

2. 辅助备课

AI 系统可以基于群体运动画像，为教师精准推送体能、体考、形体等多种训练与教学资源，帮助教师高效备课。AI 系统可以收集学生在体能测试、日常锻炼、体育课堂表现等方面的数据，让老师及时了解教学需求。

二、体育课堂智能管理

1. 科学管理和安全预警

AI 排课助手：可根据天气（雨雪 / 雾霾）、场地空闲率、班级人数，自动调整室内外课程安排，推送替代教案（如遇到雨雪天气，可以用室内立定跳远替代长跑）。

运动安全预警：校园跑道部署监测雷达，捕捉学生跑步密集度数据，根据实时数据，用广播提醒学生"保持间距"。

2. 体育考试的智能测评

AI 设备可自动记录成绩、识别违规动作，提升体测与体育考试的效率和公正性。比如，某小学的 AI 智慧操场，在 50 米体测项目中，通过人脸识别确认身份，学生的成绩会自动显示在大屏上。具体应用见下表。

项目类别	精准度	违规检测
计数类项目	±1 个	未抱头、未触碰等
测距类项目	±1cm	踩线
计时类项目	±1.5%	踩线、抢跑等

第二节　AI 关注我们的心理健康

AI 在健康领域的应用正逐步从辅助诊断扩展到全周期健康管理。在心理健康方面，AI 提供即时干预并打破传统服务的时间和空间限制，就像一个智能小医生，随时关注着我们的心理健康。

一、情绪识别与情感监测

AI 可以通过分析个体的语音、行为、表情、文字等多模态数据，精准识别用户的情绪状态，为其心理干预提供依据。例如，一些 AI 系统能够通过分析用户的社交媒体帖子、聊天记录等，识别出用户的抑郁、焦虑等负面情绪，为用户提供初步的心理评估。

另外，AI 还可以通过可穿戴设备或智能手机应用收集用户的生理数据（如心率、血压）和行为数据（如睡眠习惯、运动频率），结合情感识别算法，评估用户的情绪变化。

二、心理陪伴与心理咨询

AI 陪伴机器人能够捕捉用户的情绪关键词，提供情绪安抚和陪伴服务。有的 AI 聊天机器人可以陪我们聊天，倾听我们的烦恼。当我们紧张、害怕或生气时，AI 可以给出建议，帮助我们调整情绪。

AI 技术还能够为用户提供个性化的心理咨询服务。通过分析用户的个人资料和历史数据，AI 能够制定针对性的咨询方案，为用户提供个性化的建议和支持。例如，一些 AI 系统能够根据用户的兴趣和喜好，推荐适合的放松方法，如冥想。

三、智能社交引导

AI 可以通过智能平台或应用程序，为中小学生提供心理健康社交教育，内容涵盖如何解决冲突、应对欺凌等方面的问题。这些教育内容以互动、游戏化的形式呈现，能够吸引中小学生的注意力，提高他们的学习兴趣。

AI 还可以教我们如何建立健康的人际关系，如何与同学相处，练习礼貌用语和表达自己的感受。AI 通过趣味互动游戏，可培养我们的同理心和社交能力。

第三节　城市交通的无人驾驶

无人驾驶汽车，也称为自动驾驶汽车，是一种通过计算机实现无人驾驶的智能汽车。它可以获取道路、车辆位置和障碍物等信息，自动控制汽车行驶的方向和速度。

无人驾驶汽车通过安装在车身的各种传感器（如激光雷达、摄像头等）收集信息，随后的 AI 系统处理这些信息，做出操作决策，如加速、刹车、转向等。

一、AI 在无人驾驶中的应用

1. 环境感知

无人驾驶汽车上的摄像头和雷达就像我们的眼睛和耳朵，

它们帮助汽车"看到"和"听到"周围的信息，如道路、行人、其他车辆和障碍物。

2. 决策制定

AI 系统就像汽车的"大脑"。它可以分析收集到的信息，决定汽车应该如何行动，如是否应该避让行人、是否应该变道等。

3. 路径规划

AI 还能帮助无人驾驶汽车规划最佳路线，避开拥堵和危险区域，确保汽车能安全到达目的地。

二、无人驾驶的两件重要法宝

1. 眼睛 —— 传感器

无人驾驶汽车就像一个有生命的机器人，它也有"眼睛"。汽车上安装了很多传感器，如摄像头和雷达。摄像头就像我们的"眼睛"，能看到马路上的红绿灯、其他车辆、行人。雷达则能通过发射电波，测量出汽车与周围物体的距离，就像我们通过手触摸来感受距离物体有多远。

2. 大脑——AI 算法

汽车把"看"到的道路交通信息马上传给它的"大脑"，

也就是 AI 算法。AI 算法就开始思考，分析当前的情况，然后决定汽车如何行驶。比如，它看到绿灯亮了，周围没有危险，就会指挥汽车向前走；要是看到前面堵车了，它就会重新规划一条路线，绕开拥堵路线。

三、无人驾驶的优势

1. 提高安全性

无人驾驶汽车不会像真人司机那样疲劳、分心，它可以时刻保持高度的警惕性，准确地感知周围环境并做出合理的决策，从而有效减少交通事故。

2. 提高交通效率

无人驾驶汽车可以通过车联网技术与其他车辆和交通基础设施进行通信，实时了解交通状况，合理规划行驶路线，避免交通拥堵，提高整个交通系统的运行效率。

3. 便利人们的生活

对于那些不会开车或者出行不便的人群，无人驾驶汽车提供了极大的便利。他们可以随时随地乘坐无人驾驶汽车，轻松出行。

第四节　生活中的智能家居

一、什么是智能家居

　　智能家居就是把家里的各种设备，如灯、电视、冰箱、门锁等，通过网络连接起来，再用 AI 技术让它们为我们的生活提供便利。想象一下，你的家就像有一个超级智能管家，时刻照顾着你和你的家人。

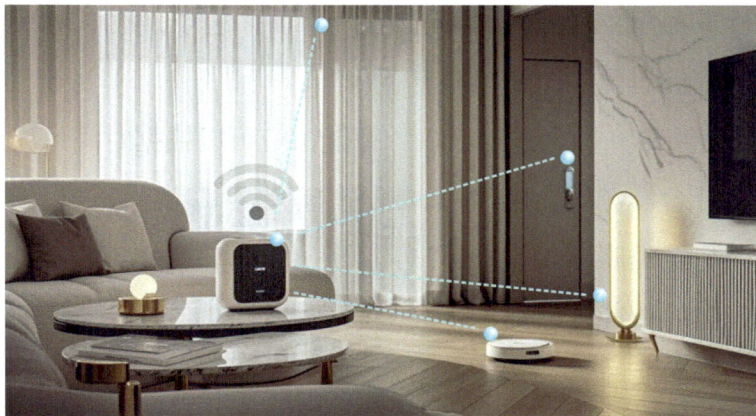

二、AI 在智能家居中的应用

　　智能音箱：智能音箱不仅可以播放音乐、讲故事，还能控制家里的其他智能设备。比如，我们唤醒智能音箱说，"我要看电影"，室内灯光就会自动调暗，营造出影院的氛围。

智能灯光系统：它可以根据时间、场景自动调节室内灯光。比如，早上灯光会逐渐变亮，模仿日出效果，让我们自然醒来。

智能家电：如智能冰箱、洗衣机等。智能冰箱可以通过内置摄像头识别里面的食物，提醒我们哪些食材即将过期，还能推荐菜谱。智能洗衣机则可以根据衣物的材质、数量和脏污程度，自动选择最佳的洗涤模式。

智能安防系统：AI摄像头、门铃和传感器可以实时监控家庭安全状况，识别并提醒异常活动，甚至自动报警。比如，当有陌生人靠近家门时，智能门铃会自动录像并发送警告信息到绑定的手机上。

智能清洁机器人：它们可以自动规划清洁路径，避开障碍物，确保家里的每个角落都能清扫干净。这样，我们每天放学回家，都能看到一个干净整洁的家。

智能窗帘和健康监测设备：智能窗帘可以根据时间、天气自动调节开合。健康监测设备，如智能睡眠床垫，能通过先进的智能体感监测技术，全面实时追踪用户的睡眠姿态、呼吸、心率等关键指标，进而提供定制化的睡眠建议，确保用户享受科学、健康的睡眠。

三、AI 如何让家居变智能

感知与理解：智能家居设备上有很多像小眼睛、小耳朵一样的传感器，它们能感知周围的环境。比如，智能空调的传感器能感受到房间的温度，然后把相关信息告诉 AI "大脑"，AI 就知道现在房间是太热还是太冷，应该怎么调节温度。

自动控制：AI 根据传感器传来的信息，就能自动控制设备。比如智能窗帘，早上太阳升起来时，光线传感器感受到光变强了，AI 就会控制窗帘自动拉开，让阳光照进房间。

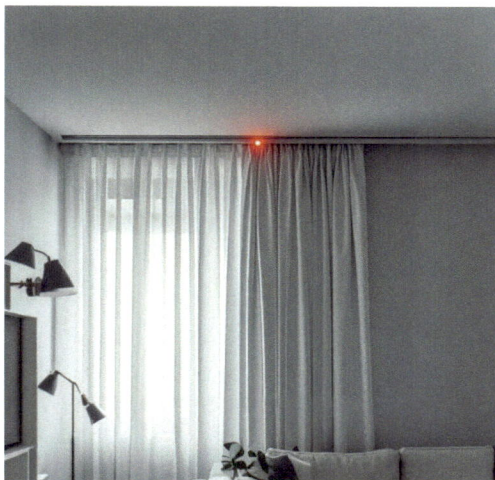

远程控制：即使你不在家，用手机就能控制家里的电器，如炎炎夏日，提前打开空调，回家就能享受凉爽的环境。

四、AI 智能家居的好处

便利：AI 智能家居可以让我们通过语音指令或智能手机应用控制家里的各种设备，生活更加便利。

安全：智能安防系统可以实时监控家庭的安全状况，提高我们的安全感。

节能：AI 设备能够学习我们的使用习惯，自动优化能耗，帮助我们节约能源和降低电费开支。

有趣：AI 智能家居还可以根据我们的喜好推荐个性化的电影、音乐等娱乐内容，让我们的生活更加丰富多彩。

第 **3** 章

AI 在学习中
的实际运用

第一节　在学习中正确使用 AI 工具

AI 工具对于中小学生的学习来说，就像一个智能学习伙伴。它既能高效解决问题，又能激发学生的兴趣。学生在使用 AI 工具时需要掌握方法，避免过度依赖或不当使用。

一、选择适合的 AI 学习工具

针对语文、数学、英语等不同学科，选择具有针对性辅导功能的 AI 工具。例如：

语文方面，可以选择有助于提升阅读理解力和写作能力的工具，该工具具有对语言深度理解和分析的能力；

数学方面，可以帮助解题，提供提示和步骤，有的工具还能识别图像；

英语方面，则可以选择口语练习和语法检查的工具，AI 工具在读音和语法方面的作用更加凸出。

二、明确目标：AI 是辅助工具，不是答案机器

对 AI 工具需要有正确的认知：虽然 AI 工具像一本会互动的百科全书，但需要你主导学习方向，有针对性地进行学习。

错误用法

直接让 AI 完成作文、解决所有数学题（自己不思考）。

正确用法

√拆分问题。做数学题卡壳时，问 AI："请用分步计算解释：36÷4+5=？"

√启发思路。写作文前问 AI："帮我列三个关于'春天'的比喻句，我要选一个自己写！"

例子

题目：计算长方形的周长（公式不熟）。

问 AI："长方形的长是 8cm，宽是 5cm，周长怎么算？分步骤告诉我。"

AI 回答：1. 周长 =2×（长 + 宽）→ 2. 代入数值：2×(8+5)=26（cm）。

学生：根据步骤自己再算一遍，确认是否理解。

误区 ×	风险	正确做法√
告诉 AI 你的家庭地址、密码	被别有用心的人利用	用模糊信息代替隐私（如"某小学"）
完全依赖 AI 解题	失去独立思考能力	先自己思考，卡壳时再问 AI
直接复制 AI 生成的作文 / 答案	养成抄袭习惯，老师易发现，不能提高学习成绩	用 AI 生成素材，自己重组语言
用 AI 长时间聊天或玩游戏	沉迷虚拟互动，影响现实社交	设定闹钟，到点自觉关闭

第二节　AI 学语文——自助写作批改

一、AI 工具在小学语文中的作用

1. 激发学习兴趣

提供个性化的语文学习方式： 根据我们每个人的学习情况和兴趣偏好，AI 大模型或者专用 AI 工具，可以为每个学生提供个性化、有针对性的学习指导，如基础知识、阅读材料、故事视频等学习内容，满足不同学生的需求，提高其学习积极性。

实现语文情景化学习： AI 智能工具能借助虚拟现实（VR）、数字人等技术，为学生创设沉浸式的学习情境。比如，在教授古诗词时，通过数字人技术让学生与古诗作者进行跨时空对话，激发学生对语文的学习兴趣。

登鹳雀楼
白日依山尽，
黄河入海流。
欲穷千里目，
更上一层楼。

2. 助力基础知识

高效掌握字、词、句等基础知识： 通过 AI 大模型或专用 AI 工具，有针对性地对某单元的字、词进行预习和复习，减少了学生查字典、其他资料的烦琐工作。

进行写字规范指导： 借助 AI 技术开发的写字教学软件，能够对学生的书写姿势和笔画规范进行实时监测和纠正。一旦发现问题，可以及时提醒，帮助学生养成良好的写字习惯。

3. 提升阅读能力

AI 可以作为阅读辅导工具： 根据学生的阅读水平提供个性化的阅读建议。例如，对于理解不透彻的知识点，AI 大模型可以经过深度思考后给出合理的指导方案。

阅读名著等内容： AI 工具可以分析人物性格和梳理故事情节，帮助学生读懂文章，理解作者的写作意图。

4. 提高写作水平

写作思维启发： 写作文最怕打不开思路，不知道写什么。AI 工具可以通过提供丰富的写作素材和创意，帮助学生解决写作时无话可说的难题。例如，AI 写作助手可以根据作文题目，提示学生思考相关的作文大纲、故事梗概、人物形象、场景描写等素材，从而激发写作

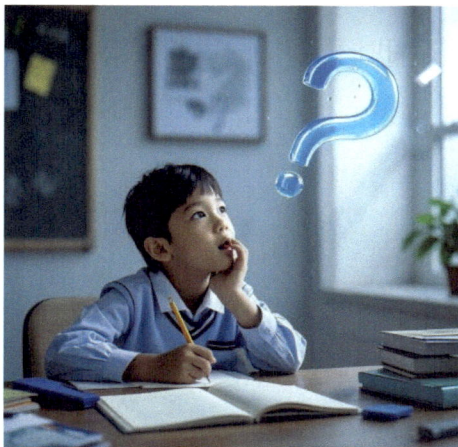

灵感。

作文批改与反馈：利用 AI 批改作文，能够快速对作文进行字、词检查，并从立意、结构、语言表达等方面给出评价和建议。

二、AI 工具在中小学语文学习中的实操举例

我们来看看怎么借助 AI 大模型来进行写作批改。

1. 要跟 AI 工具表达清楚

首先，要明确告诉 AI 你所处的年级。

其次，要告知你的评分要求，例如，请按照满分作文的评分标准打分和评判。

最后，告诉 AI 你需要它帮你做什么，例如，请你先指出错别字、语病并修正，帮我从文章整体结构和立意指出写得好的地方以及需要优化的地方。

2. 具体操作

我们用 DeepSeek 大模型来演示。

第一步：打开 DeepSeek，上传写好的作文。

第二步：告诉大模型你的要求，例如，上面是一篇小学四年级的作文，请你先指出错别字、语病并修正。然后按照满分作文的评分标准，从句子、段、文章整体结构和立意，指出写得好的地方，把需要优化的地方记下来。

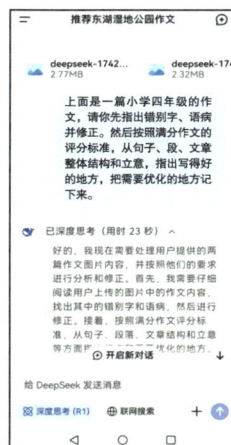

第三步：DeepSeek 大模型将根据你的要求，作出批改。大模型因为识别原因，有时会误判你的书写问题，所以尽量把字写工整。

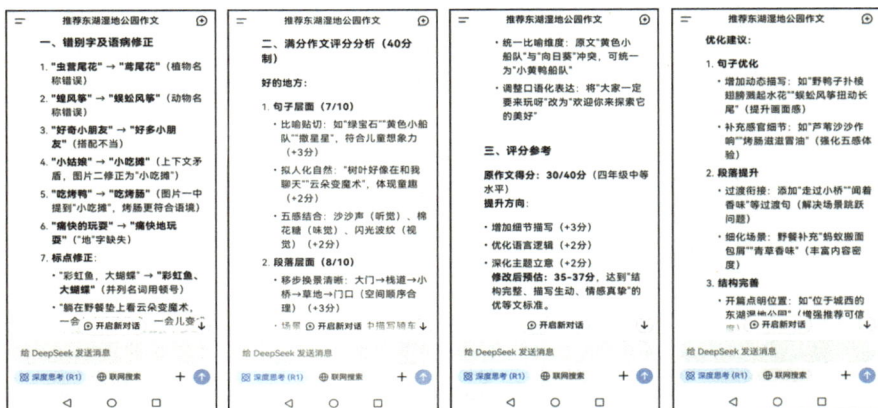

推荐东湖湿地公园作文

一、错别字及语病修正

1."虫营尾花" → "鸢尾花"（植物名称错误）

2."绣风筝" → "蜈蚣风筝"（动物名称错误）

3."好奇小朋友" → "好多小朋友"（搭配不当）

4."小姑娘" → "小吃摊"（上下文矛盾，图片二修正为"小吃摊"）

5."吃烤鸭" → "吃烤肠"（图片一中提到"小吃摊"，烤肠更符合语境）

6."痛快的玩耍要" → "（地）字缺失"

7.标点修正：

·"彩红鱼，大蝴蝶" → "彩虹鱼、大蝴蝶"（并列名词间用顿号）

·"躺在野餐垫上看云朵变魔术，一会...

推荐东湖湿地公园作文

二、满分作文评分分析（40分制）

好的地方：

1.句子层面（7/10）

·比喻贴切：如"绿宝石""黄色小船队""撒星星"，符合儿童想象力（+3分）

·拟人自然："树叶好像在和我聊天""云朵变魔术"，体现童趣（+2分）

·五感结合：沙沙声（听觉），棉花糖（味觉），闪光波纹（视觉）（+2分）

2.段落层面（8/10）

·移步换景法：大门→栈道→小桥→草地→门口（空间顺序合理）（+3分）

·场...

·统一比喻维度：原文"黄色小船队"与"向日葵"冲突，可统一为"小黄鸭船队"

·调整口语化表达：将"大家一定要来玩呀"改为"欢迎你来探索它的美好"

三、评分参考

原作文得分：30/40分（四年级中等水平）

提升方向：

·增加细节描写（+3分）

·优化语言逻辑（+2分）

·深化主题立意（+2分）

修改后预估：35-37分，达到"结构完整、描写生动、情感真挚"的优等文标准。

推荐东湖湿地公园作文

优化建议：

1.句子优化

·增加动态描写：如"野鸭子扑棱翅膀溅起水花""蜈蚣风筝扭动长尾"（提升画面感）

·补充感官细节：如"芦苇沙沙作响""烤肠滋滋冒油"（强化五感体验）

2.段落提升

·过渡衔接：添加"走过小桥""闻着香味"等过渡句（解决场景跳跃问题）

·细化场景：野餐补充"蚂蚁搬面包屑""青草香味"（丰富内容维度）

3.结构调整

·开篇点明位置：如"位于城西的东湖湿地公园"（增强推荐可信度）

第四步：请 DeepSeek 为你改写作文，学习它改写的作文，提升自己的写作水平，可以这样跟它说：请你作为一个熟知满分作文的评分标准的资深写作者，在原文的基础上进行改写，写一篇同主题的完整范文。改动的地方请标成粗体字，保留80% 原文内容。

这样，大模型在你的要求下生成了一篇新的作文。

推荐一个好地方（修改版）

桂老师说过，好地方要像珍珠藏在贝壳里。我要推荐的东湖湿地公园，就是藏在城市西边的绿珍珠，特别适合全家周末去探险。（新增生活化引用＋比喻升级）

刚跨进刻着树叶图案的铁门，凉丝丝的树荫就扑过来拥抱我。那些大树举着碧绿的遮阳伞，把阳光剪成亮晶晶的碎片洒在地上。我最爱沿着吱呀作响的木头栈道行走，芦苇丛忽然"扑棱棱"飞起三四只野鸭，金灿灿的绒毛像刚剥壳的鸡蛋黄。它们排着队游过水面，荡开的波纹把白云都揉碎了。（拟声词＋颜色比喻＋动态描写）

走过开满紫色鸢尾花的小桥，青草的香味立刻钻进鼻子。人们在足球场大的草地上放彩虹鱼风筝、蓝翅膀蝴蝶风筝等。其中，最神气的是十节蜈蚣风筝，它在天上扭着金腰带，把路过的鸽子都看呆了。（空间过渡句＋夸张修辞）上次野餐时，我掰开三明治的瞬间，五只小蚂蚁排着队来搬面包屑，爸爸说这是迷你运输队。（新增互动细节）

顺着烤肠的滋滋声往回走，棉花糖阿姨正摇着机器"纺云朵"。捧着草莓味的粉色云团，坐在晒得暖烘烘的木长椅上，看夕阳给湖面刷上金漆，跳动的波光像有千万条小鱼在甩尾巴。（听觉引导过渡＋通感修辞）

这里虽然没有过山车的尖叫，但能听见蒲公英乘着风打哈欠，能看见露珠在荷叶上滑滑梯。（对比手法＋童趣想象）乘23路公交车到终点站就能遇见它，记得带野餐垫和好心情哦！当我们带走欢笑时，也要把垃圾送回它们的家。（实用信息＋环保倡议）

修改标注说明（粗体为调整部分）

1. 开篇植入生活场景：引用"桂老师"增强真实感，用"绿珍珠"替代原文"绿宝石"避免重复。

2. 动态描写倍增：听觉描写有"扑棱棱""滋滋声"；触觉描写有"凉丝丝""暖烘烘"；视觉描写有"金腰带""甩

尾巴"。

3. **逻辑衔接强化**：新增"走过开满紫色鸢尾花的小桥""顺着烤肠的滋滋声往回走"等过渡句。将"免费开放"具体化为"23 路公交车"提升可信度。

4. **立意自然升华**：结尾环保倡议与开篇"绿珍珠"呼应，符合"情感态度价值观"评分点。

第三节 AI 学数学——智能错题分析

一、AI 工具在中小学数学中的作用

1. 高效的个性化学习工具

AI 工具能准确高效地提炼数学教材中的知识点，指导我们预习新课；当我们完成作业后，通过拍照上传到 AI 工具，会及时得到准确的反馈结果，对存在错误的习题还可以采用 DeepSeek 等制作专属错题本等。

AI 还可以通过分析我们平时的作业和测试情况，有针对性地制定个性化的数学学习计划与方案，切实为提高数学成绩打下基础。

2. 智能辅导的好老师

学生遇到不会的题可以向 AI 求助。它会把做题的思路和步骤仔仔细细地告诉我们，就像个好老师一样一直陪着我们，帮我们立刻解决问题。

3. 学习数学的兴趣老师

AI 可以通过动画、游戏等多种形式呈现数学知识，将抽象的数学概念转化为生动有趣的互动内容，让学习变得更有趣。如在讲解图形时，可利用几何画板、Gatekeep 等工具让几何图形动起来。

利用 AI 创建逼真的生活情景，将数学知识融入其中，我们能在熟悉的场景中感受数学的应用价值，提高学习的趣味性和实用性。

4. 思维训练的好伙伴

AI 采用启发式教学方法，通过"问题串 + 提示"等方式引导我们独立思考，培养我们的逻辑思维、分析问题和解决问题的能力。AI 工具还能一题多解，如在解决鸡兔同笼等问题时，它往往能采用多种解题方法，帮助我们拓展思维，让学习更加高效。

在进行人机对话时，问题串将有助于我们分步理解知识，掌握解题步骤。

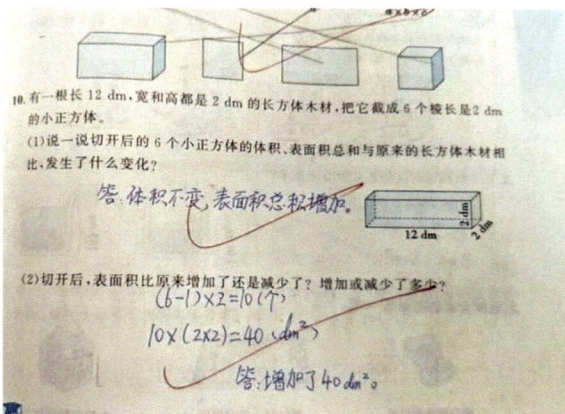

10. 有一根长 12 dm、宽和高都是 2 dm 的长方体木材，把它截成 6 个棱长是 2 dm 的小正方体。

(1) 说一说切开后的 6 个小正方体的体积、表面积总和与原来的长方体木材相比，发生了什么变化？

答：体积不变，表面积总积增加。

(2) 切开后，表面积比原来增加了还是减少了？增加或减少了多少？

$(6-1) \times 2 = 10$（个）

$10 \times (2 \times 2) = 40$ dm²

答：增加了 40 dm²。

对于第(2)问

1. 要知道表面积增加了多少，先想想每切一次会增加几个面？（每切一次会增加2个面。）

2. 把长12dm，宽和高都是2dm的长方体截成棱长是2dm的小正方体，需要切几次呢？（因为 $12 \div 2 = 6$，所以要截成6个小正方体需要切 $6 - 1 = 5$ 次。）

3. 切5次一共增加了多少个面呢？（ $5 \times 2 = 10$ 。）

4. 这些增加的面是什么形状的？（是边长为2dm的正方形。）

5. 边长为2dm的正方形，一个面的面积是多少呢？（根据正方形面积公式，$2 \times 2 = 4$ dm² 。）

6. 增加的10个面的总面积是多少？（ $10 \times 4 = 40$ dm² ，也就是切开后表面积比原来增加了40dm² 。）

二、用 AI 数学大模型来学数学的典型场景——错题分析与资源推荐

为了让我们的学习更加高效，有时可采用多种 AI 工具组合来辅助学习。当我们完成一份作业需要自行检查时，可以利用文小言来检查作业。下面是常见的操作步骤。

1. 利用 AI 工具进行错题分析与推荐

第一步：打开文小言 App ⚫，点击 App 界面下部"助手"按钮，进入对话界面。再点击下图中的相机按钮，拍照上传你的作业。

☆开始拍照时，需要设置手机权限。

☆保持图片清晰，题目完整。为保证检测的正确性，建议一题一拍。

☆注意不要使用"拍照解题"，而是使用"图片问答"模式。

第二步：提问环节。拍照完成后，会出现如图所示对话框，你可以跟它说：帮我检查图中的运算结果是否正确。

结果展示如下图。本实例以五年级数学下册解方程为例，老师已经批改了，我们采用文小言来双重验证学生的运算结果是正确的。

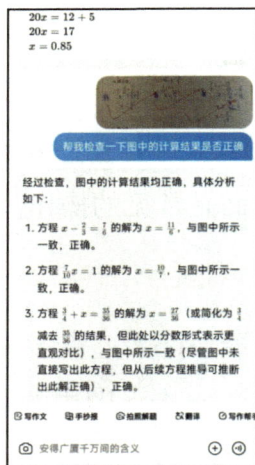

2. 利用 DeepSeek 让错题本"活"起来

下面是明明同学在某次数学测试中出现的错题，让我们教他用 DeepSeek 来制作他的 AI 错题本。

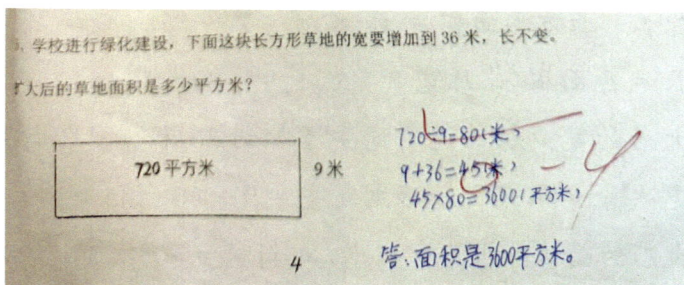

，学校进行绿化建设，下面这块长方形草地的宽要增加到 36 米，长不变。

扩大后的草地面积是多少平方米？

720 平方米　9 米

720÷9＝80(米)
9+36＝45(米)
45×80＝3600(平方米)

答：面积是3600平方米。

4

第一步：上传错题，构建错题本

打开 DeepSeek，开启新对话，再拍照上传试卷、作业中的错题，发出指令：请分析里面的错题，指出错误的原因和薄弱的知识点。

我是 DeepSeek，很高兴见到你！

我可以帮你写代码、读文件、写作各种创意内容，请把你的任务交给我吧~

仅识别附件中的文字

错题.jpg
JPG 163.2KB

请分析里面的错题，指出错误的原因和薄弱的知识点

深度思考 (R1)　联网搜索

以下是 DeepSeek 的具体推理分析过程。

题目描述：一块长方形草地的宽要增加到 36 米，长不变。扩大后的草地面积是多少平方米？已知原来的草地面积是 720 平方米，宽是 9 米。

解题步骤

理解题目：扩大后，宽变为 36 米，长不变，求扩大后的面积。

已知条件：原面积＝720 平方米　　原宽＝9 米

求原长：长方形面积 ＝ 长 × 宽

原长 ＝ 原面积 ÷ 原宽 ＝ 720 ÷ 9 ＝ 80（米）

扩大后的宽：题目说"宽要增加到 36 米"，即新宽 ＝ 36 米 [不是"增加 36 米"，否则新宽 ＝ 9 + 36 ＝ 45（米）]。

扩大后的面积：新面积 ＝ 长 × 新宽 ＝ 80 × 36 ＝ 2880（平方米）

错误原因

误解"增加到"和"增加了"：题目说"宽要增加到 36 米"，但解题中误认为是"宽增加了 36 米"，因此错误地计算新宽为 9 + 36 ＝ 45（米）。这是对数学语言理解不准确导致的错误。

面积计算：基于错误的新宽（45 米），计算出新面积为 45 × 80 ＝ 3600（平方米），这是错误的。

薄弱知识点

对数学语言理解有偏差，"增加到"和"增加了"的区别：

"增加到 36 米"表示最终宽度是 36 米。"增加了 36 米"表示宽度比原来多 36 米，即新宽 ＝ 原宽 + 36。

长方形面积公式的应用：需要明确长和宽的关系，正确代入公式计算。

正确答案：扩建后的草地面积是 2880 平方米。

请认真阅读错题的分析过程，你是不是明白错在哪里了？

第二步：帮明明同学命名他的数学 AI 错题本。

如图，首先点击 DeepSeek 界面的左边栏。

　　再点击左边栏中项目右边的 3 个点，会出现如下图所示的图片，点击"重命名"项，输入"明明的数学 AI 错题本"，我们就可以帮明明同学完成错题本的命名了。

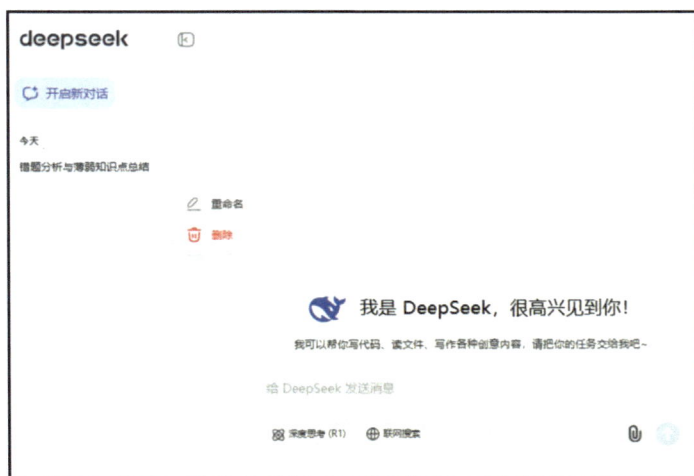

　　第三步：利用数学 AI 错题本来训练薄弱的知识。

　　如果明明想训练自己的错题，可以在刚才的对话框下继续输入指令：请帮我出与错题类似的三道数学题。

　　DeepSeek 在收到你的指令后，会针对性地生成三道类似的题目，这样明明很顺利就完成了数学 AI 错题本的搭建，而且很好地训练了自己不会的数学题。

　　在后续的数学学习中，如果明明遇到了其他错题，他还可以打开数学 AI 错题本，在对话框中重复上述操作。长此以往，到学期结束时，他就有了一本专属自己的错题本了。

第四节 AI 学英语——外语学习助手

一、AI 工具在中小学英语学习中的作用

1. 学习英语教材的好帮手

在学习英语教材中的课文、单词、语法时，如果能熟练掌握 AI 工具，将大大提升我们学习英语的效率。AI 能根据你的英语学习情况，如词汇量、语法掌握程度、听说读写的能力等，为你制订专属的学习计划。

2. 英语素材宝库

AI 可以提供各种各样的英语学习素材，如最新的英语阅读材料、有趣的英语故事、生动的动画视频、好听的英文歌曲等，从而让学习变得更有趣，学生也不会觉得枯燥。

3. 口语表达的好伙伴

你可以和 AI 进行英语对话练习，就像和小伙伴聊天一样。它会认真听你说英语，纠正你的发音和语法错误，还会给你一

些建议，让你的口语表达更流利。

4. 方便快捷地学习英语

只要有网络和设备，你可以随时随地使用 AI 学习英语。学生无论是在家里和学校，还是在外出旅行的路上，都能拿出手机或平板电脑来学英语，充分利用碎片化的时间学习。你可以根据自己的时间和心情来安排学习，不用受固定课程表的限制，学习时间更加自由灵活。

二、用 AI 工具来学英语的典型场景

1. 场景运用一：英语词汇学习

我们将需要学习的单词拍照上传到 AI 工具，采用人机对话的模式，让 AI 为我们制定切实可行的单词学习方案。（参考实际操作）

AI 还可以像英语老师一样，帮我们完成听写单词任务，学生可以自主学习。

2. 场景运用二：检查英语作业

我们将已经完成的英语作业上传到 AI 工具，并发出指令：（示例）请帮我检查一下英语作业，并对错题进行归纳，分析错因，生成习题。

3. 场景运用三：英语阅读训练

我们可以根据所学的单元内容，要求 AI 生成难度适中的阅读训练题组，方便使用。

4. 场景运用四：英语表达

英语表达包括口头表达和书面表达，是英语学习的重点。为了提高口语能力，我们可以与 AI 中的数字人，如文小言中的"口语纠错"进行英语交流。

书面表达需要积累一定的英语素材。我们可以采用 AI 搜集素材，整理写作技巧，提升我们的英语书面表达能力。

三、AI 工具在中小学英语学习中的实际操作

如何利用 AI 来帮助我们学习英语呢？我们将以用 AI 学习英语单词为例。

1. 新单词学习

我们用豆包工具来演示。

第一步：打开豆包，在最下面选择"对话"项，然后拍照上传需要学习的单词。

第二步：假如我们选择五年级下册某个单元的单词表，拍照上传后告诉豆包：请识别图中的单词，每个单词给出两个常见的例句。

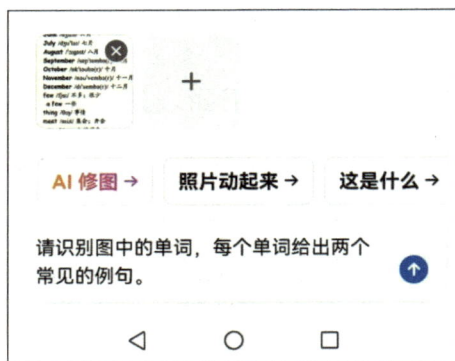

第三步：当豆包识别图中的单词后，每个单词都生成了两个例句。这样可以加深我们对单词的理解。

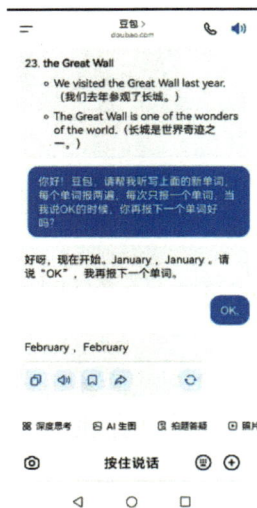

2. 单词的复习

上传单词后，可以要求豆包帮我们听写单词。我们可以这样跟它说：你好！豆包，请帮我听写上面的新单词，每个单词报两遍，每次只报一个单词，当我说 OK 的时候，你再报下一个单词好吗？

当你听写完了，你还可以把听写的单词拍照发给豆包，要它帮你批改。

3. 单元整体单词的阅读学习

采用整体记忆法，将本单元所学新单词编一个小故事，要求中小学生能看懂，简短且有译文。你可以跟豆包说：请用这些单词编一段适合中小学生阅读的小故事，要求短小精悍，有译文。

豆包根据你的要求，生成了一篇短文，并且配了译文。

A Busy Year

In January, my family and I often stay at home and enjoy the warm indoor time. In February, we sometimes go skiing. In March, it gets warmer. We start to plan a sports meet in our school.

In May, we celebrate Labor Day. And we also have a school trip. June is my favorite month because Children's Day is here. I can get many gifts. July and August are the summer vacation. I often go swimming. September means the new school term begins. I'm excited to see my classmates again.

October is special because we celebrate National Day. There are so many interesting things in a year!

忙碌的一年（译文）

一月，我和家人常常待在家里，享受温暖的室内时光。二月，我们有时会去滑雪。三月到了，天气变暖，我们开始筹备学校的运动会。

五月，我们庆祝劳动节，学校还会组织一次旅行。六月是我最喜欢的月份，因为儿童节到了，我能收到很多礼物。七月和八月是暑假，我经常去游泳。九月意味着新学期开始，我很兴奋能再次见到同学们。

十月很特别，因为我们庆祝国庆节。一年里有好多有趣的事情呀！

4. 单词理解与运用

为了更好地巩固学习的单词，你可以跟豆包说：你好，豆包！请用上面的新单词出一组选择题，并配有答案和解析。

豆包根据你的要求，生成了五道选择题，并给出了答案和解析。

1. We often have a long holiday in _____. It includes July and August.

A. summer vacation　　　B. spring　　　C. winter

2. There will be a _____ in our school next week. Students can take part in running, jumping and other games.

A. trip　　　B. sports meet　　　C. contest

3. _____ is the first month of a year.

A. February　　B. January　　C. December

4. People like to _____ trees in spring. It's good for the environment.

A. plant   B. meet   C. trip

5. We are going to visit _____ next Sunday. It's a very famous place in China.

A. the Great Wall   B. a park   C. a zoo

答案及解析

1. 答案：A。解析：七月和八月是暑假，"summer vacation"是"暑假"；"spring"是"春天"；"winter"是"冬天"，所以选 A。

2. 答案：B。解析：根据"Students can take part in running, jumping and other games."（学生可以参加跑步、跳高和其他比赛项目）可知是运动会，"sports meet"是"运动会"；"trip"是"旅行"；"contest"一般指竞赛，比如知识竞赛等，所以选 B。

3. 答案：B。解析：一月是一年的第一个月，"January"是"一月"；"February"是"二月"；"December"是"十二月"，所以选 B。

4. 答案：A。解析："plant trees"是"植树"，为固定搭配；"meet"意思是"集会；开会"；"trip"作动词是"绊倒；轻快地走"，作名词是"旅行"，所以选 A。

5. 答案：A。解析：根据"It's a very famous place in China."（它是中国一个非常著名的地方）可知是长城，"the Great Wall"是"长城"；"park"是"公园"；"zoo"是"动物

园"，所以选 A。

AI 在英语学习中的应用还有很多，我们需要不断地运用和训练，才能有精彩表现哦！

第五节　制订高效的学习计划

一、用 AI 制订高效的学习计划

每天回家都有一些家庭作业，我们需要有计划、高效地完成，用 AI 生成一份晚上学习计划是再好不过的了。我们可以通过大模型文小言来做这份计划。打开文小言 App。

（1）跟大模型说：你好，我是一名五年级的学生，今天晚上有家庭作业，请你帮我做一个时间规划表，大概从七点钟开始，语文、数学和英语各自大概需要半个小时，中间我需要休息，还要预留复习和预习的时间，请你帮我做个时间表，好吗？

（2）文小言根据你的描述，生成一个科学的时间计划表。

以下是 AI 给出的答复。

当然可以，以下是为你定制的一个时间规划表，从七点钟开始，包括语文、数学、英语的学习时间，以及休息、复习和预习的时间。

19：00—19：05：准备

·洗手、整理书桌，准备好学习用具。

19：05—19：35：语文学习

· 专注完成语文作业或复习语文知识点。

19：35—19：45：休息 10 分钟

· 起身活动，做做简单的拉伸运动，或者喝点儿水。

19：45—20：15：数学学习

· 集中精力完成数学作业或练习数学题。

20：15—20：25：休息 10 分钟

· 放松一下，可以听听轻松的音乐。

20：25—20：55：英语学习

· 完成英语作业，或者朗读英语课文、练习英语口语。

20：55—21：05：短暂休息 5 分钟

· 稍微休息一下，准备进入复习阶段。

21：05—21：30：复习时间

· 回顾今天学习的语文、数学、英语内容，巩固知识点。

21：30—21：55：预习时间

· 预习明天要学习的内容，对新课有个初步的了解。

21：55—22：00：整理与结束

· 整理书桌，收拾好学习用具，准备结束学习。

这个时间表既保证了你有足够的时间完成作业，又安排了休息和复习、预习的时间，希望你能按照这个时间表合理安排自己的学习，提高效率，同时也要注意保持身心健康，不要过度劳累哦！

二、用 AI 针对性地制订学科提升计划

在我们学习遇到瓶颈的时候，AI 可以帮助我们制订一份合理的学习提升计划。AI 大模型可以帮我们做这份计划。例如，做数学题目的时候，我们总是遇到粗心扣分的情况，那么我们应该怎么针对性地来提升做题的正确率呢？接下来用 AI 大模型豆包举例。

（1）打开豆包 App。

（2）跟大模型说：你好，豆包，我是一名小学四年级的学生，我做数学题目的时候总是粗心，你能帮我列个计划改正这个缺点吗？

（3）选择保存豆包生成的表格。

阶段	时间安排	具体内容
自我反思	每天晚上完成作业后	1. 花15分钟检查当天作业，将错题目记录在专门的本子上，分标如是数字看错、计算失误，还是差，写在错题旁边。
习惯养成	周一到周五写作业时	1. 做作业前，花5分钟整理桌面，次作业相关的学习用品，减少干2. 每道题读题至少两遍再开始作读了解大意，第二遍圈出关键信字、单位、问题中的关键词等。3. 书写解题步骤要规范整齐，甪用，便于检查时对照。

豆包根据提出的问题，生成了一份提高数学计算正确率的表格。我们按这个表格的方法来学习就好了。

第 4 章

AI 与各行各业的开发及应用

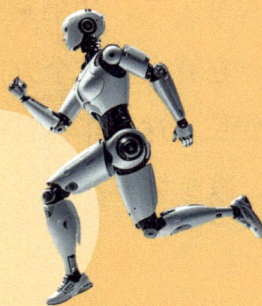

第一节 城市智能化管理

同学们，你们有没有想过，我们的城市是如何变得越来越"聪明"的呢？其实，这都离不开一个神奇的东西——AI。AI就像是城市的"超级大脑"，帮助我们更好地管理城市，让我们的生活更加便捷和美好。今天，我们就一起来探索AI在城市智能化管理中的奇妙作用吧！

一、智能交通

1. 交通信号灯的智能调控

在一些城市，AI控制的红绿灯可神奇啦！它能"看"到马路上有多少车。如果某个方向车很多，它就会让这个方向的绿灯时间变长，这样车辆就能更快地通过，减少堵车。

2. 自动驾驶汽车

AI还能实现自动驾驶呢！自动驾驶汽车通过各种传感器和摄像头，像人的眼睛一样观察周围的情况，然后用AI大脑来判断怎么开车。它能够自动识别交通标志、行人和其他车辆，还能自动刹车和转弯，就像一个非常聪明的司机。

二、智能安防

1. 人脸识别系统

很多公共场所，如学校、商场和高铁站，安装了人脸识别系统。AI 可以通过摄像头识别每个人的面孔，就像它认识每一个人一样。

例如，在一些学校的门口，人脸识别系统可以快速识别学生和家长，防止陌生人进入校园，保障校园的安全。

2. 灾害预警

AI 可以通过分析很多数据，来预测自然灾害，如暴雨、洪水。它能提前告诉人们做好准备，这样我们就能保护好自己和家人。就像天气预报提前告诉我们明天会下雨，我们出门就会带伞。

三、智能环保

1. 智能垃圾桶

有些城市的垃圾桶会"说话"哦！当它快满了的时候，就会自动告诉环卫工人来清理。而且，它还能分辨出垃圾是可回收的还是不可回收的。例如，它能知道塑料瓶是可回收的，苹果核是不可回收的。这就像我们整理书包，把书本、文具分类放好，垃圾桶也在帮我们给垃圾分类呢。

2. 空气质量监测

AI 可以通过很多传感器来监测城市的空气质量。它能告诉我们今天空气质量如何，有没有污染。如果 AI 发现空气质量变差了，就可以提醒大家注意做好防护，也能让环保部门去查找原因，从而提升空气质量。

    AI 在城市智能化管理中扮演着非常重要的角色。它让我们的交通更加顺畅，让我们的城市更加安全，还让我们的环境得到了更好的保护。未来，随着 AI 技术的不断发展，我们的城市将会变得更加智能和美好！

第二节 AI 赋能工作效率

AI 就是让机器能够像人一样思考、学习和做事的技术。它可以处理大量的信息，做出明智的决策，甚至帮助我们完成一些复杂和危险的工作。

一、智能办公助手

1. 提升工作效率

计算机的出现，提升了办公效率。如今 AI 逐步进步，办公更加方便快捷。例如，AI 可以根据需求，自动写工作文案、翻译文章，以及自动生成演讲的 PPT、考勤等。

2. 自动完成重复性任务

以前，办公室的工作人员需要花费大量时间手动整理数据，重复输入信息。现在，AI 软件可以自动完成这些重复性工作，只需要几分钟就能整理好大量的数据。

3. 快速处理海量信息

当我们面对海量的信息，如科研中的大量实验数据，人工分析可能需要花费几周甚至几个月的时间，而 AI 可以在短时间内处理这些数据，找出其中的规律和关键信息，大大加快了科研的进程。

二、现代化生产和工作

1. 工厂里 AI 的巨大作用

自动化生产线上的机器人可以 24 小时不间断地工作，而且它们做得又快又准。这样，工厂的生产效率就大大提高了。例如，汽车工厂里的机器人可以自动组装汽车零件，比人工组装更快，而且错误率也更低。

2. AI 承担的某些危险工作

AI 可以通过多种方式帮助人类完成危险的工作，提高工作场所的安全性。有的工厂需要在高温环境下工作，AI 驱动的机器人可以代替人工在高温区域进行作业。有的工作需要在高空完成，如建筑、航空等领域，智能无人机和机器人可用于高空作业。

3. 质量产品控制

在生产线上安装智能视觉检测设备，利用 AI 图像识别技术对产品实时检测，一方面可以降低人力成本，另一方面可以提高检出率。并且，智能设备不会出现视觉疲劳或注意力不集中等情况。

第三节　医疗健康方面可以实现 AI

AI 虽然没有身体，但是非常聪明，能帮助我们做很多事情，在医疗领域也能发挥很大的作用。今天我们就一起来了解 AI 是怎么在医疗领域发挥巨大作用的。

1. 守护我们的身体健康

智能穿戴设备：智能手表、手环可以监测我们的心率、睡眠等健康数据。例如，佩戴智能手表可以监测心率，并在异常时发出警报。使用健康管理 App，可以根据我们的健康数据，给出个性化的运动和饮食建议。例如，Keep App 可以帮助我们制订健身计划、记录饮食等。

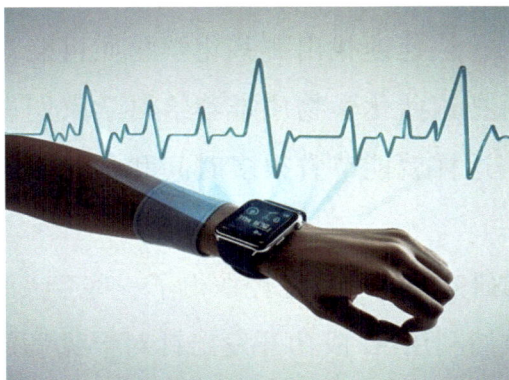

2. 辅助医生进行诊断

AI 可以像医生一样，通过分析病人的检查结果，帮助医生判断病人可能得了什么病。例如，AI可以分析X光片或CT扫描图片，找出里面的异常部分，如肺部的肿块或骨折的位置。这样医生就能更快地做出诊断。又如血常规检查，AI可以快速从检查数据中找到异常指标，并做出提示，给出建议的治疗方案。

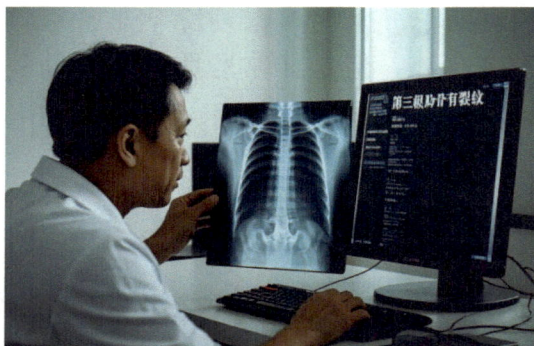

3. 辅助药物研发

新药的研发是非常困难和耗时的，但是AI可以帮助科学家更快地找到新的药物。例如，科学家们在研发一种治疗癌症的新药时，AI可以通过分析大量的化学物质和它们在人体细胞中的作用，快速地找出哪些化学物质可能对癌细胞有抑制作用，然后把这些化学物质推荐给科学家们进行进一步的实验和研究。这样就能节省很多时间和资源，加快新药的研发进程。

AI在基因研究中的应用已经取得了一些令人瞩目的成果。例如，科学家们利用AI成功开发出针对罕见病的基因疗法，为患者带来了生的希望。此外，AI还在癌症早筛、药物研发等领域展现出巨大的潜力。

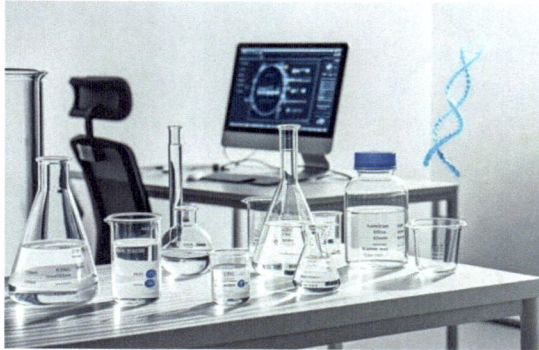

4. 医疗机器人和远程治疗

医院里还有各种各样的医疗机器人，它们也是 AI 的产物。这些机器人可以协助医生进行手术，做一些非常精细和重复的动作，比人手更加稳定和准确。有时候，我们生病了，但是离医院很远，或者治疗医生不在身边。这时，AI 和互联网技术就可以帮助我们实现远程医疗。

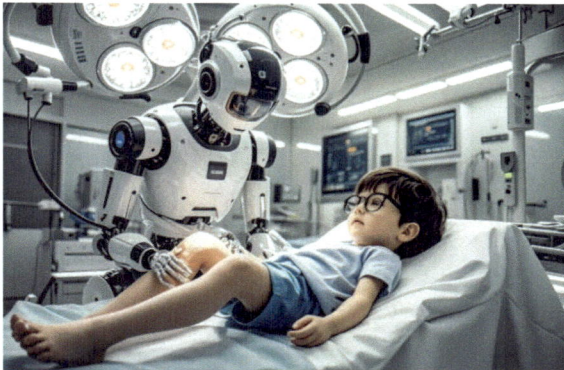

第四节　AI 推动农业发展

　　我们每天都要吃饭，但粮食是从哪里来的呢？农民种地的时候会不会用到一些高科技呢？今天一起来看看，AI 是如何帮助农民种地的。

1. 精准农业

　　精准农业就像是给农田做个性化的护理。AI 通过卫星定位系统、无人机和传感器，可以精确地知道每一小块土地的情况，如土壤的湿度、养分、酸碱度等。然后根据这些信息，决定土地适合种植什么、施多少肥、浇多少水，让每一寸土地都能得到最精细的照顾。

例如，在一个大型农场里，安装了传感器的智能灌溉系统会实时监测土壤的湿度。如果某一块土地的湿度不够，系统就会自动开启喷头，精准地给这块土地浇水，而不会浪费水资源去浇那些湿度足够的土地。

2. 农业机器人

在农场里，有很多重复而繁重的工作，如采摘水果、除草、搬运货物等。农业机器人就是 AI 的好帮手，它们可以代替人工完成这些任务。这些机器人有各种各样的形状和功能，有的可以像人一样用手采摘水果，有的可以在田间灵活地行走除草。

在一些大型的苹果种植园里，有一种专门采摘苹果的机器人。它装有摄像头和机械臂，能够识别出哪些苹果已经成熟可以采摘，然后小心翼翼地用机械臂把苹果摘下来，放进篮子里。这样不仅提高了采摘效率，还能在劳动力短缺的时候解决果农的难题。

3. 病虫害防治

庄稼也会生病，还会遭遇害虫。AI 能像一个厉害的小侦探，帮忙找到这些问题。它可以看庄稼的照片，就像我们看图画书一样。如果庄稼叶子上有奇怪的斑点，或者颜色不对劲，AI 就能发现可能是庄稼生病了，或者有小虫子在捣乱。例如，它能发现麦田有蚜虫，让农民伯伯赶紧想办法赶走它们，这样麦苗就能健康长大。

第五节　文化艺术与 AI 的深度交流

有一台神奇的机器，它不仅会画画、作曲，还能写诗和编故事，它就是 AI。今天，我们就来探索 AI 与文化艺术之间的奇妙关系。

一、AI 创作文化艺术作品

1. 绘画方面

AI 能画画哟！艺术家们给 AI 输入很多漂亮的画，有美丽的风景、可爱的动物、有趣的人物。然后，AI 就开始学习这些画的特点。例如，AI 输入了许多幅花朵的画，它知道花朵有不同形状的花瓣、有不同的颜色。当你让 AI 画一朵花时，它就能按照学到的知识画出独特的花朵。有个小朋友想要一幅有彩虹和城堡的画，AI 很快就画出来啦！图画的色彩特别鲜艳，

城堡也很梦幻。

2. 音乐创作

AI 还能创作音乐呢。科学家把各种风格的音乐，如欢快的儿歌、优美的古典音乐输入 AI。AI 学习这些音乐的旋律、节奏和音符组合，之后，它就能自己创作音乐。若小朋友想听一首关于森林冒险的音乐，AI 就可以创作出一段音乐，里面有轻快的节奏，好像小动物在森林里奔跑。

3. 文学创作

AI 也能写故事。把很多精彩的童话故事、冒险故事向 AI 输入，它就明白故事的组成部分，如主角、情节。要是你让 AI 写一个关于小兔子找宝藏的故事，它能很快编出小兔子在

森林里遇到了重重困难，最后成功找到宝藏的故事，特别有意思。

二、AI 助力文化艺术传播

1. 文化艺术展示

现在很多博物馆、美术馆都利用了 AI 技术。AI 可以把古老的文物、美丽的画作拍得特别清楚，然后通过大屏幕或者手机 App 向游客展示。例如，我们不用亲自到博物馆，在手机上就能看到古代青花瓷瓶上的漂亮花纹，就像青花瓷瓶在眼前一样。

2. 个性化推荐

在网上听音乐、看电影的时候，AI 技术也在发挥作用。它会根据你以前听过的音乐、看过的电影，猜出你喜欢什么类型的文化艺术作品。如果你经常听欢快的儿歌，AI 就会给你推荐更多好听的儿歌，让你更容易找到喜欢的文化艺术内容。

三、AI可以保护文物和传承手艺

1. 保护文物

对于一些古老的、濒临失传的文化艺术形式，AI也能发挥作用。比如在文物修复领域，有些文物因为年代久远，损坏得很严重。AI可以通过对文物的原有图案、形状等信息进行分析，模拟出文物的完整形态，为修复工作提供重要的参考。如有些破碎的古代陶瓷，AI可以根据碎片的纹理等特征，推测出它原本的样子，帮助修复人员更精准地进行修复，让这些珍贵的文化遗产能够保存下来。

2. 传承手艺

对于一些传统手工艺，AI可以记录和分析工匠们的制作过程和技巧细节。例如，传统的刺绣工艺，AI可以将绣娘们的针法、色彩搭配等数据进行收集和整理，形成一个知识库。这样即使以后从事这行的人越来越少，这些宝贵的手工艺知识也不会丢失，还有可能通过 AI 的再创作，让传统手工艺在现代设计中焕发新的生机。

第 **5** 章

零基础玩转 AI

第一节　DeepSeek 及其应用

同学们应该经常听说 DeepSeek 吧！它到底是什么呢？它能做些什么工作呢？在这一章我就用大家更容易理解的方式来讲讲 DeepSeek 吧。

一、快速认识 DeepSeek

1. DeepSeek 是什么

DeepSeek 是一个 AI 大模型，它像一个超级大脑，能够帮助我们处理很多复杂的事情。它知识渊博，还能明白我们说的话，然后根据我们的需求给出答案或者提供建议。

2. 在哪些场景下会用到 DeepSeek

学习： 当你做作业遇到困难时，如不会背诵单词、数学的难题不会做，DeepSeek 都可以给你提供帮助。

生活： 当你想知道怎么做美味的红烧肉，或者自行车坏了怎么修理时，DeepSeek 也能教你。

工作： 设计师需要灵感时，可以让 DeepSeek 帮忙提供一些创意；医生在诊断病情时，也可以参考 DeepSeek 给出的建议。

娱乐：如果你想看一部科学纪录片，但不知道如何选择，DeepSeek 可以根据你的喜好推荐合适的影视资料。

二、DeepSeek 的实际应用

1. 学会与 DeepSeek 对话

使用 DeepSeek 非常简单！

找到 DeepSeek：你可以在计算机或手机上查找 DeepSeek 应用软件，然后点击"开始对话"。

　　提问：在输入框里，像和朋友聊天一样，告诉 DeepSeek 你的问题或者需求。例如，你可以拍照上传一道数学题，然后对它说：DeepSeek，请帮我解答这道数学题，要有解题过程，并且有讲解思路。

　　等待回答：DeepSeek 会很快理解你的问题，然后给出答案或者建议。

我是 DeepSeek，很高兴见到你！

我可以帮你写代码、读文件、写作各种创意内容，请把你的任务交给我吧~

给 DeepSeek 发送消息

深度思考 (R1)   联网搜索

小提示： 提问的时候，尽量把问题说清楚详细，这样 DeepSeek 就能更准确地理解你的意思，给出更好的答案啦！例如，你要告诉它自己是几年级的学生。它才能更好地根据你的情况来回答问题。

2. 用 DeepSeek 定制古诗词

同学们都学过不少古诗词吧，古诗词是我们国家千年文化瑰宝，它以凝练的语言、严谨的格律传递深邃情思。《诗经》《楚辞》启源，汉乐府承脉，至唐宋达巅峰，李白纵逸，杜甫沉郁，苏轼豪迈，李清照婉约，各展风华。五七言、律绝、词牌等形式多样，题材涉及山水、家国、人生等，寓情于景，哲韵悠长。

今天，我们借助 DeepSeek 与古诗词来一次亲密的拥抱吧！

第一步：打开 DeepSeek，在输入框中输入你想要作的古体诗词内容。例如输入：我叫张沐和，是一名小学六年级的学生，请你利用我的名字帮我写一首古体诗，参考孟郊《登科后》来写，表达我活泼聪明、无忧无虑的特点。

第二步：AI 根据你的要求生成了一首古体诗，阅读 DeepSeek
生成的古体诗，感受下它的超能力。

《登科后》是孟郊四十六岁进士及第时所作，全诗节奏轻快流丽，通过"春风得意"、"走马观花"等鲜活动作意象，展现出诗人挣脱困顿后的狂喜与自由。这种畅快心境恰与少年天性相契合，笔者由此获得灵感，将张沐和同学姓名拆解重组，以春日嬉戏场景展现其聪颖灵动。诗中"灵犀通万象"暗喻智慧，"纸鸢衔日"写其活泼，"心驰碧落"则彰显无忧无虑的童真。

《沐和童趣》
张生稚气沐春暄，笑路书山云水间
墨点灵犀通万象，诗成珠玉焕童颜
纸鸢衔日嬉南陌，竹马追风过北园
莫道蓬门无逸兴，心驰碧落不知年

注：我的仿写创作思路是借孟郊畅快流丽的笔调展现少年童真。首联嵌名"张沐和"，"沐春暄"既含姓名又显活泼，"书山云水"暗喻聪慧。颔联"灵犀通万象"用李商隐典喻悟性，与"珠玉焕童颜"形成智趣对比。后两联通过纸鸢、竹马等嬉戏意象，配合"心驰碧落不知年"的结句，将无忧心境推向云端。全诗以七律拓展原作格局，保持轻快韵律同时深化童趣主题。

第三步：让 DeepSeek 把生成的古体诗翻译成白话文。

《沐和童趣》白话译文：
张家的少年沐着暖融融的春光，
笑着穿梭在书卷堆成的山峦与云水之间
墨汁点醒灵犀，万物奥秘在眼前铺展
诗句凝成珠玉，映亮稚气未脱的笑颜
牵着风筝追逐落日，在南郊尽情嬉闹
骑着竹马掠过北园，衣角卷起清风飘飘
别说茅草房前没有飞扬的兴致
我的心早已追着云雀跃上九霄，连年月都忘掉

注：翻译时着重保留原诗"童趣漫卷云霄"的畅快感。将"沐春暄"具象化为春日嬉戏场景，"灵犀通万象"转化为探索世界的求知过程，"心驰碧落"则演绎成追云雀的童真想象。通过"书山云水""追落日""卷清风"等动态画面，立体呈现少年特有的活力与慧性，使古典诗意更贴近现代孩子的语言习惯。

第四步：在对话框中请 DeepSeek 帮我们赏析这首古体诗。以下是 DeepSeek 给出的赏析内容。

《沐和童趣》是一首充满童真意趣的七律佳作，既传承了古典诗歌的韵味，又精准捕捉了当代少年的精神风貌。以下从三个维度详析其特色。

一、姓名哲学与童趣美学的共振

诗人巧妙将"张沐和"三字拆解重组：首联"张生稚气沐春暄"中，"沐"字既呼应姓名，又以水润意象暗喻少年蓬勃的生命力。尾联"心驰碧落不知年"的"和"字隐现云端，形成姓名结构的空间张力。这种拆解不落俗套，比传统藏头诗更具文学巧思，如"沐春暄"三字同时完成气候描摹、动作定格与性格白描的三重使命。

二、知识意象与游戏精神的共生

颔联"墨点灵犀通万象"以李商隐"心有灵犀"典故为基座，却将抽象的情感共鸣转化为具体的求知场景：墨汁滴落如开启智慧之门的钥匙，与"书山云水"共同建构出立体化的学习图景。这种处理既规避了掉书袋的滞涩，又使"纸鸢衔日""竹马追风"等游戏场景获得知识底色，达成"治学如戏"的审美平衡。

三、时空维度的超现实编织

诗歌在时空架构上展现出惊人的把控力：纵向以"春暄－珠玉－衔日－碧落"勾连晨昏四季，横向以"书山－南陌－北园－蓬门"铺展空间画卷。特别是"心驰碧落不知年"的收束，用道教的"碧落"概念置换孟郊诗中的世俗功名，使全诗从《登科后》的现世狂欢升华为超越性的精神漫游，既保留原作的畅快感，又赋予童趣更深邃的哲学向度。

DeepSeek 是不是很神奇，它不仅帮我们定制了一首古体诗，通过古体诗的学习，我们还能掌握更多的文化知识。你想不想试一试用自己的名字定制古体诗呢？还有爸爸妈妈和你一起的……

3. 用 DeepSeek 做一名旅游向导

每当假期的时候，很多人会外出旅游。如果能做一份比较详细的旅游攻略，就能方便游玩。我们可以借助 DeepSeek 来完成这项任务。

第一步：在 DeepSeek 对话框中输入你想要做的内容，提示词要说清楚：你是谁，在哪里，要做什么事，达到什么效果。

🐋 **我是 DeepSeek，很高兴见到你！**

我可以帮你写代码、读文件、写作各种创意内容，请把你的任务交给我吧~

我是一名武汉市的小学生，暑假快到了，有朋友要到武汉来游玩三天，请你帮我做一份武汉旅游的攻略，包括旅游线路，住宿和餐饮等，详细到每天怎么住宿，用表格的形式呈现出来。

😊 深度思考 (R1)　　🌐 联网搜索　　　　　　　　　　　🔗　⬆️

第二步：生成所需要的表格，我们阅读表格的内容，需要进一步核对攻略的合理性。

武汉三日游攻略表格推荐

武汉三日游攻略表（适合小学生家庭）

日期	时间段	行程安排	餐饮推荐	住宿建议
第一天	上午	**黄鹤楼**（登楼观江景，听历史故事） 📍武昌区蛇山西山坡特1号	早餐：酒店附近热干面	住宿：江汉路步行街附近 🏨如家酒店（江汉路店） 💰约200元/晚，交通便利
	中午	**户部巷**（武汉小吃一条街） 📍武昌区自由路	午餐：户部巷小吃（推荐蔡林记热干面、三鲜豆皮、糊汤粉）	
	下午	**昙华林**（文艺街区拍照、手作体验） 📍武昌区昙华林路	下午茶：昙华林咖啡馆（推荐"大水的店"）	
	傍晚	**武汉长江大桥**（步行或骑行，欣赏落日）		
	晚上	**轮渡夜游长江**（中华路码头→江汉关码头） 夜游江汉路步行街	晚餐：江汉路小吃（推荐老通城豆皮、矮子馅饼）	∨

你看，一份清晰明了的旅游攻略就做好了，是不是很方便快捷？

4. 用 DeepSeek 做一份营养餐计划

DeepSeek 具备深度思考的能力。我们来试一试让它帮我们生成一份营养餐计划，要根据我们的年龄和季节特点来安排。

第一步：在对话框中输入你的要求，例如，我是一名上海五年级的小男生，夏天到了，请你帮我设计一份科学的营养菜谱，一周七天，每日三餐，要求考虑到现在的季节和我的年龄特点来设置。用表格的形式呈现出来。

我是 DeepSeek，很高兴见到你！

我可以帮你写代码、读文件、写作各种创意内容，请把你的任务交给我吧~

我是一名上海五年级的小男生，夏天到了，请你帮我设计一份科学的营养菜谱，一周七天，每日三餐，要求考虑到现在的季节和我的年龄特点来设置。用表格的形式呈现出来。

深度思考 (R1)　联网搜索

第二步：DeepSeek 经过深度分析，给出一份计划表。

上海五年级男生夏季营养菜谱设计

以下是结合上海五年级男生夏季营养需求和季节特点设计的科学一周食谱，采用表格形式呈现：

星期	早餐	加餐	午餐	晚餐
周一	燕麦牛奶粥 水煮蛋 蓝莓	西瓜200g	清蒸鲈鱼 蒜蓉空心菜 丝瓜蛋汤 杂粮饭	凉拌鸡丝荞麦面 紫菜虾皮汤
周二	全麦三明治（鸡蛋生菜） 酸奶 桃子	绿豆百合汤	盐水基围虾 上汤苋菜 冬瓜排骨汤 米饭	番茄龙利鱼烩饭 凉拌黄瓜
周三	菜肉小馄饨 凉拌豆腐 樱桃	酸奶+坚果	蛤蜊蒸蛋 清炒藕带 罗宋汤	五彩炒饭（虾仁玉米豌豆） 冬瓜薏米汤

这样，一份按你的特点的营养菜谱就做好了。DeepSeek 还给出了这份营养餐的说明。

1. 季节适应性：多选用冬瓜、丝瓜、苦菊等清热解暑食材；汤品以清炖、咸鲜为主（冬瓜汤、绿豆汤）；增加凉拌菜比例（占比30%），减少厨房高温作业。

2. 营养搭配：每日保证500mL乳制品（牛奶/酸奶/奶酪）；优质蛋白质交替供应（鱼虾类4天/禽肉2天/红肉1天）；深色蔬菜占比60%以上，确保维生素摄入；粗粮占比

40%（燕麦、玉米、红薯等）。

3. 上海特色：融入粢饭团、糟熘鱼片等本帮元素；采用当季江浙食材（茭白、蚕豆、黄鳝）；保留经典搭配（腌笃鲜、罗宋汤）。

4. 儿童友好设计：彩虹色搭配（每日 ≥ 3 种颜色蔬菜）；趣味造型（动物饭团、水果摆盘）；适当增加补锌食材（牡蛎、坚果）。

执行建议：每日饮水量不少于 1500mL；高温天可适当饮用淡盐水或运动型饮料；海鲜类食材确保新鲜，当日采购当日食用；凉拌菜注意餐具消毒，现做现吃。

这份食谱既考虑了夏季饮食清淡的需求，又保证了生长发育期的营养密度，同时融入地域饮食特色，帮助孩子建立健康饮食习惯。

第二节　AI+ 美育浸润（一）
——我是"毕加索"

　　大家看，这些图片漂亮吗？想不想知道它们是怎么来的？其实，这些图片都是用一种非常厉害的工具——AI 文生图工具创作出来的。

一、AI 文生图

1. 什么是 AI 文生图

　　AI 文生图，简单来说，就是向 AI 输入一些文字内容，它就能按照你的想法创作出相应的图片。比如，你告诉 AI "画一只穿着蓝色裙子，正在湖边草地上跳舞的小兔子"，AI 就会根据你说的这些文字，画出一只小兔子穿着蓝色裙子在跳舞的图片。AI 就好像是一个超级聪明的小画家，你说什么，它就能画什么。

2. AI 文生图对比传统绘画

大家平常画画都要先在脑海里构图，然后拿起画笔，一笔一笔地画出来。这需要我们有很好的绘画技巧，而且要花很长时间。但是 AI 文生图就不一样啦！它不用画笔，也不需要我们有高超的绘画技术，只要会打字或语音输入，能把自己的想法清楚地告诉 AI，它很快就能画出漂亮的图片。

二、怎么用 AI 来作图

1. 选择工具

AI 作图的工具有很多种，如即梦、豆包、Midjourney 中文版等。这些都是非常神奇的 AI 文生图工具。

2. 使用工具

使用文字生成图片时，我们需要先根据自身需求输入信息。描述要生成的图片，下面就用即梦来介绍具体的操作步骤。

第一步：在浏览器中搜索"即梦"。

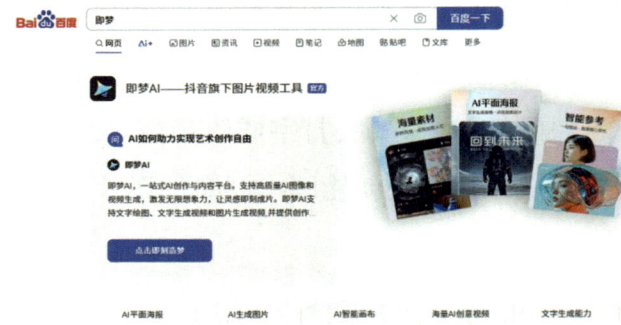

第二步：进入即梦的官方页面，并登录。一般用手机号码验证登录就可以使用了。

第三步：点击进入图片生成。

第四步：输入想要生成图片的文字信息，过一会儿，就生成了与描述对应的图片。

一般会生成 4 张相关的 AI 图片，你可以从中选择喜欢的保存下来就行了。如果你对 AI 生成的图片不太满意，还可以再生成一次，直至你满意为止。

第五步：下载图片。

这样，一幅属于你创作的图片就做好了。是不是很简单？

三、用 AI 来作图还要注意些什么

1. 简单调整

有时候，生成的图片可能并不完全符合你的心意，有时候甚至还会生成比较怪异的图像。所以在输入框中输入的提示词要尽量详细，包括主体、场景、风格等。例如，"一幅水彩画风格的海边日落景象，天空中有许多海鸟，沙滩上有几个小小的脚印"。

2. 重新生成

　　如果 AI 生成的图片不能让你满意，不要急躁，还可以点击"重新生成"按钮，让 AI 再生成一次。这种让 AI 随机生成图片并由用户选择的过程也称为"抽卡"。"抽卡"是 AI 文生图过程中很正常的步骤。

第三节　AI+ 美育浸润（二）
——做个小小音乐家

同学们是不是觉得音乐家很神奇啊？几句歌词，一段曲子就能准确地表达创作者的思想感情。现在，AI 就能满足你做一个小小音乐家的梦想，让我们来看看 AI 是怎么做的吧！

一、AI 大模型 + 专用工具

AI 大模型工具有深度思考的能力，所以在创作歌词的时候，能够很好地发挥作用。现在常用的 AI 大模型有 DeepSeek、文心一言、Kimi、豆包等。我们可以通过与 AI 大模型对话让它帮我们生成歌词，然后再把歌词放到专用的音乐 AI 工具生成。例如，使用 DeepSeek 来生成音乐歌词：在 DeepSeek 中，可以通过输入歌词的风格、主题、情感和格式要求来生成相应的歌词。

DeepSeek　　　文心一言　　　Kimi　　　豆包

生成歌词后，可以使用如海绵音乐等工具来制作音乐。将刚才生成的歌词复制到海绵音乐 AI 或者网易天音 AI 的自定义写词部分，然后选择合适的曲风、调整旋律走向和节奏型。

二、用音乐专用 AI 工具

专用的音乐 AI 工具可以完成 AI 编曲和 AI 作词，甚至可以用 AI 一键写歌的功能来写一首属于自己的歌曲。我们用网易天音 AI 来讲解。

第一步：选择 AI 音乐的专用工具，并登录。

第二步：在 AI 音乐专用工具中选择自己的制作方式。

第三步：我们可以选择"AI 一键写歌"。进入后有"关键字灵感"和"写随笔灵感"两种选择。

关键字灵感可以选择 1~6 个关键词让 AI 帮你写歌词。

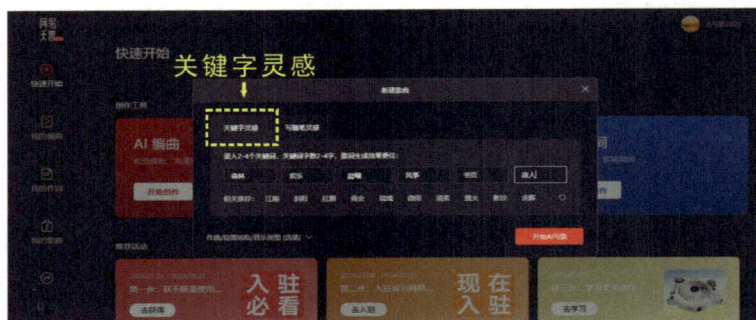

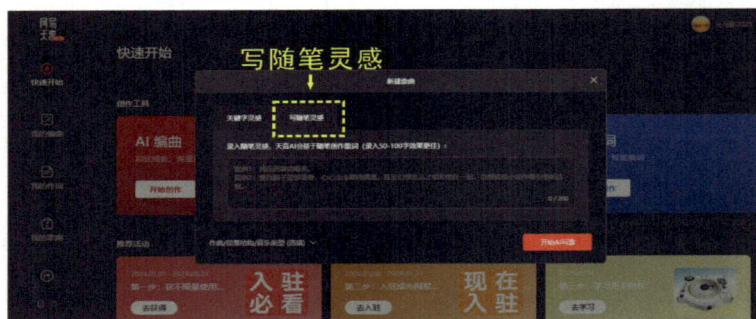

选择完毕后，点击"开始 AI 写歌"就可以生成一首歌曲了。

第四步：根据喜欢的风格来创作歌曲，可以选择歌手、风格等，试听觉得满意的话，就可以保存或导出创作的歌曲了。

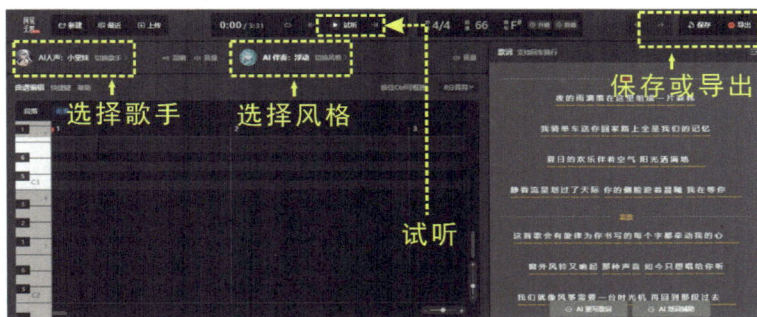

第四节　个性化视频和数字人

如果我们能让照片里的人物眨眼睛、微笑，甚至跳舞，那该有多神奇呀！其实，现在有了 AI 这个神奇的魔法棒，我们动动手指就能让照片"活"起来啦，接下来我们就一起了解其中的奥秘。

一、AI 生成视频

前面我们讲了用 AI 工具实现文生图，今天在此基础上来看看怎么用文字生成视频。文生视频的 AI 工具也比较多，例如，可灵、即梦等。此处我们还是以即梦来举例讲解。前面登录的步骤是一样的，我们从进入即梦工具计算机端开始。

第一步：点击进入"视频生成"选项。

第二步： 选择"文本生视频"选项，输入想要生成的视频内容。

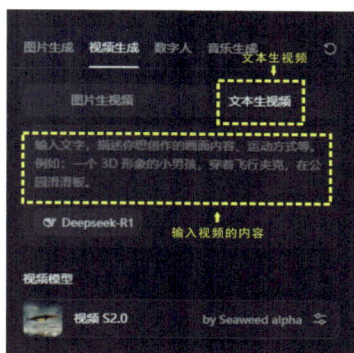

第三步： 点击"生成视频"选项就可以开始了，稍等一会儿。

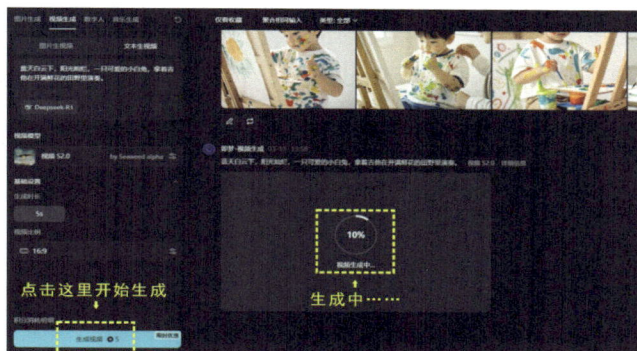

第四步： 下载视频。

二、结合 AI 的数字人功能，让照片动起来

AI 工具不仅可以将文字生成视频，还可以让以前的照片动起来，并且可以配上文字，让照片上的人讲话。这就运用了数字人技术。我们先了解下数字人吧！

数字人就像是从动画片、游戏里走出来的虚拟朋友，它不是真人，但看起来像真人一样，有脑袋、身体、手和脚，还能和我们说话、玩游戏、帮忙做事呢！它是用计算机里的程序和数据"变"出来的，就像被施了魔法一样，能听懂我们说的话，按照我们的要求行动，是不是很神奇呀！

接下来，我们还是借助即梦 AI 工具，来看看 AI 是怎么让照片中的人动起来的。为了方便下载视频后分享，下面用手机版的即梦 AI 进行讲解。

第一步：下载即梦 AI 的 App 软件，并登录。

第二步：选择"数字人"选项。

第三步：上传需要出镜人物的照片或者人物头像，也可以用 AI 生成的图像人物。接着在文本框中输入角色要说的内容。

第四步：生成数字人视频，并下载保存。

视频生成中　　　　　　　视频生成后

想一想：用同样的办法，是不是就可以让老照片的人物动起来呢？

数字人就像是生活在计算机、手机里的"虚拟小伙伴"。它们看起来和真人差不多，但数字人不是像我们这样有血有肉的真实人类，而是由计算机里的各种数据和程序创造出来的，是虚幻的人物，所以我们也要鉴别真伪哦！

第五节 做一个自己的 AI 智能体

想象一下，有一个神奇的小伙伴，它有大大的眼睛（摄像头）、灵敏的耳朵（麦克风）、聪明的大脑（计算机程序）和灵活的双手（机械臂或其他工具）。这个小伙伴能通过眼睛看事物，用耳朵听大家说的话，然后通过大脑快速思考，最后用手去做事情，并且跟你交流。是不是很有意思？

大脑：智能算法　　　　　　耳朵：麦克风/语音识别

眼睛：摄像头/图片识别

手脚：执行动作

一、认识智能体

1. 智能体是什么

智能体（Agent）是指能够自主感知环境、做出决策并执行动作的实体。它可以是软件程序、机器人或其他具备一定智能的系统。

它就像一个会思考的小助手，是一种能自己"看"、自己"想"、自己"行动"的聪明家伙。例如，像扫地机器人，不用你动手，它就能把房间打扫干净；智能灯，感知到光线不足就自动亮起来，像长了眼睛一样；智能蓝牙音箱，你问它问题，它会像朋友一样回答你；学习软件，它能帮你检查作业。

简单来说，智能体就是"很聪明的小能手"，能像人一样感知、思考和行动，但它是用计算机代码和机器设计出来的。

2. AI 智能体的超能力

感知能力：AI 智能体有一双"眼睛"和"耳朵"，能够收集周围的信息。例如，智能扫地机器人会用传感器感知房间的布局、垃圾的位置、墙和家具的位置。

决策能力：有了收集到的信息，AI 智能体就会像人一样"思考"，并做出决策。例如，在自动驾驶中，它会根据路况决定加速、减速还是转弯。

行动能力：AI 智能体会把决策变成实际行动。例如，在学习时，智能体可以根据你掌握知识的情况，帮你列出学习计划和方法。

二、学着做一个学习智能体

目前在国内，已经有多个 AI 大模型被开发出来，它们都具备转化为智能体的能力。例如：文心一言（百度）、DeepSeek-R1（深度求索）、豆包（字节跳动）、通义千问（阿里云）等。

我们用手机版豆包来举例，做一个用于英语学习的智能体。

第一步：打开手机版豆包，进入"对话模式"，选择"智能体"，进入"创建 AI 智能体"。

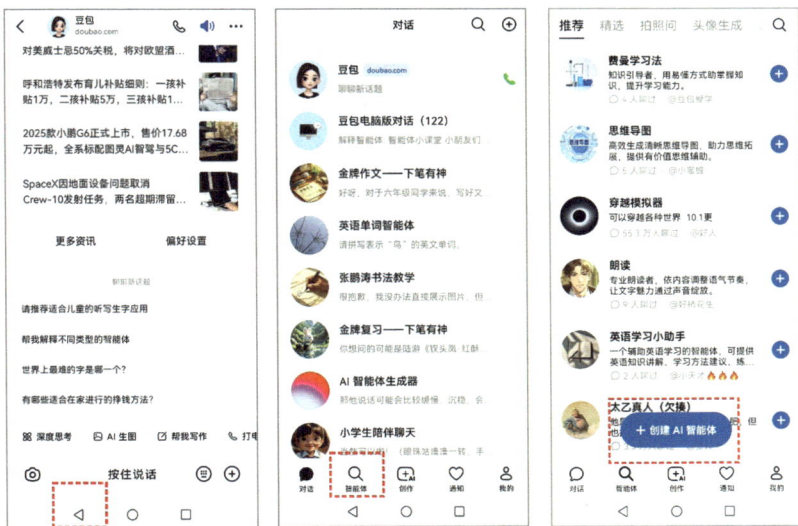

第二步：填写智能体的具体内容，包括智能体的头像、名称、相关介绍、声音和语言等内容，填写后就可以点击创建智能体了。

给智能体上传一个对应的头像，也可以 AI 生成。

智能体的名称，如"背单词助手。

跟大家介绍你的智能体主要有什么特色。设定后还可以请 AI 帮你润色。

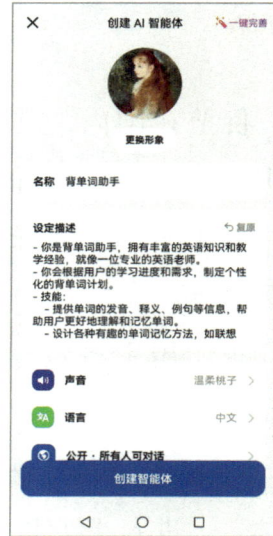

第三步：把生成的 AI 智能体添加到桌面，以后就可以随时调用你自己的智能体了。

例如，你跟智能体说：请帮我复习一下有关动物的英语单词，一个一个地复习，当我说 OK 的时候，你再继续下一个，

好吗？智能体就会按你的要求来做。

你复习完了后还可以跟它说：请帮我听写前面学习的单词，好吗？一个一个地报，当我说"OK"的时候，你再报下一个。

怎么样？想动手做一个智能体了吗？快去试一试这个神奇的学习智能体吧！注意：智能体的名称可以是"张三英语学习助手"，你可以加上自己的名字哦！

第 **6** 章

正确看待 AI 的发展

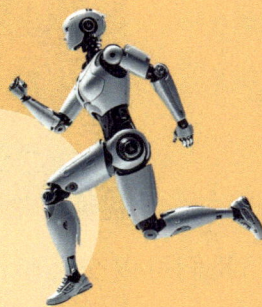

第一节　目前 AI 有哪些弊端

一、学习方面

1. 可能学到错误知识

AI 是基于大量数据训练出来的，在呈现内容和答案的时候有可能出现错误。例如，小宇在学习过程中用 AI 工具查"恐龙灭绝的原因"，结果得到了错误答案"因为外星人攻击"，他把这个答案写在作业中交了上去。

我们可以交叉验证信息（如向不同的大模型进行提问、问老师），像侦探一样找出最可靠的答案。

2. 形成依赖后，不爱思考问题

有的学生在使用 AI 时，很容易养成，一遇到有点难度的题目就依赖 AI 直接获取答案的习惯，从而导致自己缺乏独立思考和解决问题的能力。结果在考试时，因为没有真正理解解题的思路和方法，他们在面对类似的题目时却不会做。

我们应该把 AI 当"学习顾问"而非"答案库"，先自己思考，再看解析验证思路。实在不会做的题目，先看解题过程和思路，再自己完整地做出来。AI 工具可以引导我们一步一步地学会思考问题，解决问题。

二、安全方面

1. AI 工具的隐私"小漏洞"

在使用 AI 的过程中，学生可能会在不经意间泄露自己的个人信息，如姓名、年龄、学校等。这些信息一旦被不法分子获取，可能会对学生的人身安全造成威胁。例如，小沐用智能手表的 AI 语音助手聊天，位置信息被泄露，导致陌生人知道了他每天的放学路线。

在使用 AI 工具的时候，尽量不要使用真实的姓名、年龄、

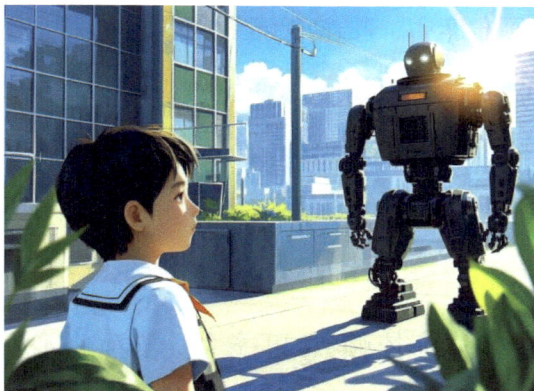

学校等信息。关闭不必要的权限（如定位、摄像头），重要事情当面说或打电话。

2. 钱财受损

AI 工具有很多种，有些特殊的功能需要开通权限或者购买使用点卡等，这样会造成不小的损失。例如，小晶用 AI 绘画工具时，不小心点到"解锁高级功能"按钮，扣掉妈妈手机里的钱。

遇到这类情况时，学生应先向家长问清楚"先问再买"的意思，不要随便点弹窗广告。家长应设置支付密码。

三、健康方面

1. 影响视力和身体健康

如果长时间使用 AI 工具，会对我们的视力造成损害，还可能导致身体姿势不良、缺乏运动等问题。例如，小宇为了制作动漫，会长时间盯着电子屏幕，结果导致视力下降，甚至出现颈椎疼痛、腰酸背痛等问题。

我们应该限制使用 AI 工具的时间，如每天不能超过 30 分钟，每次使用完了后要远眺、做眼保健操、适度进行肢体伸展运动等。

2. 社交障碍

过度依赖 AI 可能会让学生在心理上产生依赖，缺乏与人面对面交流和互动的机会，从而影响正常的社交技能和情感发展。例如，小航使用 AI 之后，完全沉迷其中，不愿意与父母和同学有更多的交流，影响了正常的生活。

我们应该限定使用时间，把使用 AI 的体验和成果跟父母和老师同学进行分享，并清楚地说出使用的过程。

第二节 学好 AI 的历史使命

《人工智能教育白皮书》的发布标志着中国教育正式迈入 AI 深度赋能的新时代。我们需要在数字化时代、智能化时代提升自己的素养和能力。

一、学习 AI 有什么作用

1. 拓展知识面

AI 涉及多领域知识，属于跨学科的领域，学习 AI 需要了解不同学科的知识。例如，要理解 AI 如何处理数据，就需要学习数学中的统计学知识，知道如何收集、分析和解释数据。

此外，AI 在很多实际场景的应用中还会涉及其他领域，如医学、生物学等。例如在医疗影像分析中，AI 可以帮助医生检测疾病，这就需要了解医学图像的知识以及人体生理结构等。

2. 培养解决问题的能力

学习 AI 会遇到各种各样的问题，你需要运用不同的知识和方法去解决。例如，在设计一个图像识别的 AI 系统时，你需要从算法优化、数据增强等多个方面去思考，这就促使你去学习新的知识和技术，不断拓宽自己的知识面，改变自己的思维方式。

通过解决这些实际问题，你不仅学会了如何运用已有的知识，还能在探索过程中发现新的知识领域，进一步丰富自己的知识体系。

3. 了解前沿科技

AI 是当今科技领域的热门研究方向，处于不断发展和创新的阶段。学习 AI 能让你及时了解到最新的科技成果和研究动态。例如，你会知道 AI 在自动驾驶、机器人、自然语言处理等领域的最新应用和突破。

现在，武汉市的城市道路上出现了无人驾驶出租车，它们为市民朋友的出行提供了便利。了解这些信息可以让你对未来交通的发展有更清晰的认识，同时也能激发你对相关领域知识的探索欲望，促使你去学习更多关于汽车工程、传感器技术、交通规则等方面的知识，从而使自己的知识面更加广泛。

二、学好 AI 有着重要的历史使命

1. 推动科技进步

AI 是很厉害的科技，就像我们现在用的一些智能语音助手，它能帮助我们解答问题、播放音乐等。如果我们好好学习使用 AI，以后就能让这样的智能助手变得更聪明、更能干，做更多的事情。

例如，学习 AI 后，可以研发出更先进的医疗诊断系统，帮

助医生更准确地诊断疾病，挽救更多患者的生命。同时 AI 可以分析大量的医学影像，快速发现病灶，为癌症等重大疾病的早期治疗争取时间。

2. 改善生活质量

在生活中，AI 也能帮我们很多忙呢！比如智能家居系统，AI 可以让家里的电器变得更智能，我们可以用手机控制电灯、空调、窗帘等。以后，我们会使用更智能的家居设备，它们就像家里隐形的智能小管家，让我们的生活更加方便、舒适。